Gewidmet allen Kindern – im Besonderen Kim und Louis.

Dieses Buch wurde auf FSC-zertifiziertem Papier / Recyclingp kt.
FSC (Forest Stewardship Council) ist eine nichtstaatliche, ge Organisation,
die sich für eine ökologische und sozialverantwortliche Nutz er unserer Erde einsetzt.

Titel und Autor: **» QUELL DES FRIEDENS - WASSER ALS ROHSTOFF. Mit einer wahren Energiewende Krisen beenden. «** von Andy J. Ehrnsberg
Vierte Auflage des Werks » Griechenland: Mit der Krise Europa sanieren « 2014. Erstauflage 2012.

Volker Eidems
Parkstraße 20
80339 München
www.verlag-parkstraße.de

Herstellung: Books on Demand GmbH, Norderstedt
Lektorat: Verlag Parkstraße, München
Konzept, Satz und Design: Andy J. Ehrnsberger

Printed in Germany.
ISBN 978-3-941556-08-9

Bibliografische Information der Deutschen Nationalbibliothek:
Die Deutsche Nationalbibliothek verzeichnet diese Publikation in der Deutschen Nationalbibliografie; detaillierte bibliografische Daten sind im Internet über http://dnb.d-nb.de abrufbar.

QUELL des FRIEDENS WASSER als ROHSTOFF

Mit einer wahren Energiewende Krisen beenden

Verlag Parkstraße

Verlag Parkstraße

Inhalt

1. Bruch mit der Vergangenheit

Dieses Kapitel versucht, einen Überblick über entscheidende Missstände in der globalen Energiewirtschaft zu verschaffen. Der Text spiegelt die Inkonsequenz politischer Entscheidungen wider und versucht, das vorherrschende Chaos auch emotional zu vermitteln. Nichtsdestotrotz wird eine Bewältigungsstrategie angeboten, die einen Ausweg darstellt – sofern wir uns dafür einsetzen (s. S. 100).

ZU ZEITEN EINER WENDE

Im März 2013 wurde eine Studie veröffentlicht – von der » Energy Watch Group « (www.energywatchgroup.org). Es ist die erste fundierte Studie, die zeigt, dass der globale Energieverbrauch schon sehr bald nicht mehr durch atomare Ressourcen gedeckt werden kann. Natürlich zeigt sie nebenbei auch, dass der Verbrauch zudem nicht mehr durch fossile Ressourcen gedeckt werden kann und dass die Ressourcenlage auf unserem Planeten dramatischer ist als in der Öffentlichkeit diskutiert und wahrgenommen.
Trotzdem werden nach wie vor Chemikalien in den Boden gepumpt, um aus tiefen Gesteinsschichten Erdgas herauszulösen. » Fracking « wird dieses Verfahren bekanntermaßen genannt, für das es auch in Europa finanzstarke Befürworter gibt. Während hierfür in Deutschland unter dem Deckmantel aus Forschung und Wissenschaft die ersten Anlagen erbaut und erprobt werden – dezent begleitet von sympathisch wirkenden TV-Spots – herrscht in den USA ein Energieboom, ausgelöst von billiger Energie durch Fracking; und von billiger Energie durch den Ölsandabbau, der nicht erst Jahre später, sondern bereits simultan zum Abbau krebsbedingte Todesopfer fordert – von den Verantwortlichen vorerst natürlich geleugnet. Obwohl Fracking Milliarden an Entwicklungsgeldern verschlang, sich die jeweiligen Projektkosten auf dutzende Millionen Dollar beziffern und es einen Rohstoff fördert, der schon sehr bald verschwunden, ausgebeutet sein wird, lohnt dieses Geschäft natürlich immens – ohne Rücksicht auf andere Faktoren als auf wirtschaftliche Vorteile. Angeblich lohnt es sich aber nicht, unbegrenzte und kostenlos zur Verfügung stehende Rohstoffe in einen völlig umweltfreundlichen und universell verwendbaren Brennstoff zu verwandeln: ohne zeitliche Begrenzung, ohne lebensfeindliche Chemikalien und

ohne CO2-Produktion. Und ohne die Macht heutiger Energiemonopolisten weiter zu zementieren.

Dass das herausgelöste Erdgas beim Fracking ungewollt auch an Orten entweicht, wo es ganze Landstriche verseucht und bei den Bewohnern durch Chemikaliendämpfe zu Krankheiten und bleibenden Schäden führt, gehört zu den Nebeneffekten, über die in Werbespots nicht berichtet wird. Zum Allgemeinwissen des deutschen Bildungsbürgertums gehört es jedoch mittlerweile, dass chemische Reststoffe nach dem » Fracken « im Boden zurückbleiben und im Laufe der Zeit an die Oberfläche drängen und so unser Grundwasser verseuchen. Viele Entscheider hierzulande interessiert seltsamerweise nicht, dass die chemischen Stoffe, die beim Fracking eingesetzt werden, als Betriebsgeheimnis gelten dürfen. Trotz der enormen Risiken sorgen sie nicht dafür, dass wir über diese Stoffe Genaueres erfahren. Das ist das Gegenteil von Verantwortungsbewusstsein und ist für sich genommen bereits eine Schande für die entsprechenden demokratisch gewählten Parteien und unser Rechtssystem.

Während sich diese Sachverhalte weiterhin hartnäckig zu etablieren scheinen, führen Russland und Nigeria die Liste jener Staaten an, in denen tagtäglich tausende Kubikmeter Erdgas ohne jeglichen Nutzen und unter ständigem CO2-Ausstoß als Abfallprodukt abgefackelt werden. Aus maroden Pipelines und stillgelegten Bohrlöchern tritt dort und in anderen Ländern Afrikas und Südamerikas (sowie in China, Russland und den USA) Rohöl aus, das ebenfalls Landstriche verseucht, zu Krankheiten führt und die jahrtausende alte Lebensgrundlage von Einheimischen samt Fischgründen, Anbauflächen und Wäldern dauerhaft ruiniert.

Während verrostete Öltanker bersten und Bohrinseln havarieren, wird in Staaten wie Namibia, Kanada, Australien und Kasachstan unter Einsatz von Chemikalien wie verdünnter Schwefelsäure im großen Stil Uran abgebaut – um für Nachschub an atomaren Brennelementen zu sorgen; um die heute weltweit nach wie vor in Planung und Bau befindlichen atomaren Kraftwerke zu betreiben; um dort Wasser zum Kochen zu bringen, um mit dem entstehenden Dampf Turbinen und Generatoren in Bewegung zu versetzen, um Strom zu erzeugen. Strom, der in ständig neu entstehende und immer weiter ausgebaute Hochspannungsnetze eingespeist wird, welche einen erheblichen Teil des Stroms wieder verlieren – beim Hochtransformieren, beim Transportieren, beim Heruntertransformieren.

Russland stattet nach wie vor Schiffe mit mobilen Atomreaktoren aus, um die für den Abbau von Rohstoffen im Nordmeer notwendige Energie bereitstellen zu können. Diese Rohstoffe werden nur nutzbar, weil das arktische Eis durch sein Abschmelzen die nördlichen Seeregionen schiffbar werden lässt. Als einziger der global agierenden Großkonzerne des

Energiesektors will sich nur der französische Ölkonzern Total nicht daran beteiligen, die entsprechenden Vorkommen im Nordmeer zu erschließen. Welche Kosten mit den russischen Atomschiffen auf Deutschland zukommen können, zeigt die Verschrottung russischer Atom-U-Boote aus dem kalten Krieg. Ausgehend von Deutschland wurden hierfür allein im Jahr 2006 60 Millionen Euro bereitgestellt – getragen von deutschen Steuerzahlern.
Zur selben Zeit werden in Deutschland die ersten Atomkraftwerke rückgebaut, was bis zu 80 Jahre in Anspruch nehmen kann und bis zu einer Milliarde Euro an Steuergeldern beansprucht – pro Kraftwerk! Und niemand hier und anderswo weiß, wo der atomar strahlende Müll letztendlich dauerhaft gelagert werden soll. Doch vielleicht finden sich auch hierfür korrumpierbare Entsorgungsunternehmer als Erfüllungsgehilfen einer italienischen Untergrundorganisation, die eine » saubere « Endlagerung (u. a. auf dem Meeresgrund) organisieren können. In Kalabrien und Kampanien beispielsweise ist es seit vielen Jahren gängige Praxis, hochgefährliche Industrieabfälle in einst fruchtbaren Gegenden unter steigenden Krebsraten im Boden zu verscharren.

EIN MARODES FUNDAMENT

Wir haben hier eine Energiewende, die nur bedingt den Verbrauchern zu Gute kommt. In erster Linie stützt sie die wenigen Multimilliarden Euro schweren Konzerne der Erdöl-, Erdgas-, Kohle- und Atomindustrie – vereinfacht gesagt – die marktbeherrschenden Strom- und Brennstoffproduzenten. Und da sich diese Konzerne europaweit ihre eigenen Gesetze schreiben dürfen, muss dieser Sachverhalt nicht verwundern. Gesetzesvorschläge seitens der Industrie werden häufig eins zu eins übernommen.
Schuld an den unaufhörlich steigenden Energiekosten ist – so wird es uns erzählt – natürlich die Erneuerbare Energie, doch nicht etwa die fehlgeleitete Politik einer falschen und inkonsequenten Energiewende, die den Verbrauchern schadet und dem Klima und unserer Umwelt bis ins 22ste Jahrhundert hinein kaum spürbar weiterhilft. Trotz des Sinkens der an den Börsen gehandelten Strompreise steigen die Preise, die an uns Verbraucher weitergegeben werden. Um diesen Sachverhalt nachvollziehen zu können fehlt es weitgehend an Transparenz. Sind es ursächlich die bereits im Vorfeld eingekauften Strommengen? Liegt es am nicht funktionierenden Handel mit CO_2-Zertifikaten? Oder an der Einspeisevergütung für Ökostrom? Oder am angeblich unumgänglichen Netzausbau, dessen Hauptnutznießer die Stahlindustrie ist? Nichts Grundsätzliches gegen die Firmen der Stahlbranche! Doch innerhalb der sensiblen Thematik » Energiewende «, mit all ihren weitreichenden Zusammenhängen, dürfen einseitige Vorteile de facto keine Rolle spielen.

ANSTIEG DER KREBSRATEN

Tatsächlich Schuld an den weitgehend unbeantworteten Fragen, an der fehlenden Transparenz, am aktuellen Charakter der Energiewende haben nicht nur die Entscheidungsträger der politischen Bühne, die es – ähnlich dem Wirtschafts- und Finanzsektor – aufgrund fehlenden Sachverstandes meist nötig haben, sich von jenen Lobbygruppen beraten zu lassen, denen es ausschließlich um den eigenen wirtschaftlichen Vorteil geht, der heute mit einem grünen Deckmäntelchen am Besten zu erlangen ist. Umfassende Sicht- und zukunftsorientierte Handlungsweisen fallen dem zum Opfer. Schuld hat auch ein entscheidender Teil unserer Bevölkerung, der sich nach anstrengenden Arbeitstagen, -wochen und -jahren meist mit dem zufrieden gibt, was die Tagesmedien hergeben und dabei vergisst, Rechte einzufordern – Tag für Tag.

Bis 2020 – so heißt es – sollen 35 Prozent des deutschen Stroms » erneuerbar « sein, also aus völlig umweltfreundlichen und klimaneutralen Quellen stammen. Das ist eines der deutschen Energie- und Klimaziele, wie sie auf der Internetseite des Bundesumweltministeriums nachzulesen sind. Doch der Stromverbrauch beträgt hierzulande nur rund 20 Prozent des Gesamt-energieverbrauchs! Die angepeilten 35 Prozent des Strombedarfs aus erneuerbaren Quellen entsprechen damit lediglich sieben Prozent des Gesamtenergiebedarfs! Tatsächlich entfällt der größte Teil der Energie, die wir hierzulande verbrauchen, auf die direkte Verbrennung von Gas- und Erdöl-produkten für Industrieanlagen, Gebäudeheizungen, Gasherde, Autokraftstoffe und ähnliches mehr. Die Summe daraus entspricht rund 80 Prozent unseres Gesamtenergieverbrauchs. Trotzdem ist meist nur von Strom die Rede, wenn von der Energiewende gesprochen wird, und – je nach allgemeiner Interessenslage – hier und da von Autokraftstoffen aus Biomasse (Thema » E10 «).

Doch wie will man ein Projekt wie die Energiewende bewältigen, das als das größte seit dem Wiederaufbau nach dem zweiten Weltkrieg bezeichnet wird, wenn nicht alle Fakten berücksichtigt werden?

Tatsächlich wird auf der Internetseite des Bundesumweltministeriums beiläufig anvisiert, den Anteil der erneuerbaren Energien am Gesamtenergiebedarf bis 2020 auf achtzehn Prozent zu steigern. Doch wie soll das geschehen? Woher kommt der Rest, wenn erneuerbarer Strom nur sieben Prozent zum Gesamtenergieverbrauch beitragen kann, er jedoch zum zentralen Baustein erkoren wurde?

Dies stellt einen ebenso krassen Widerspruch dar wie die Tatsache, dass das Filetstück einer jeden sinnvollen Energiewende durch das Ministerium nur am Rande erwähnt wird: Dazu nämlich müssen Strom, Warmwasser und Heizwärme am jeweiligen Ort des Verbrauchs gleichzeitig, also dezentral erzeugt werden – mit einer heute erzielbaren Gesamteffizienz von 90 bis 95 Prozent! Anstatt jedoch den hocheffizi-

OELSANDABBAU IN KANADA

enten Energieumsatz mittels dezentraler Kraft-Wärme-Kopplung (KWK) angemessen zu forcieren, sollen nun – je nach politischer Grundsatzentscheidung – zwischen zehn und 50 Milliarden Euro in Stromtrassen und Umspannwerke investiert werden, also in Technologien, denen der Energieverlust und damit die Energieverschwendung als solche bereits als fester Bestandteil beiwohnt. Unser Stromsystem basiert auf Technologien des ausgehenden neunzehnten Jahrhunderts. Es muss aufgrund seiner enormen inneren Verluste von Grund auf infrage gestellt werden und darf sicher kein Bestandteil der Planungen für eine Energiewende sein, bei der sich jeglicher Verlust sowohl kurz- als auch langfristig negativ auf die Geldbörsen der Verbraucher auswirkt.
Erwähnenswert sind auch die Unmengen an umwelt- und gesundheitsschädlichen Substanzen, die in den zu Tausenden über das Land verteilten Großtransformatoren früherer und heutiger Umspannwerke zum Einsatz kommen. Doch wer weiß schon davon? Und wer denkt darüber nach, wo der Strom für Millionen von Elektrofahrzeugen herkommen soll? Soll das saubere Fahren ohne Abgase durch die heute neu geplanten und bereits in Bau befindlichen Kohlekraftwerke befeuert werden? Oder doch durch Atomkraftwerke, deren Laufzeiten durch eine nächste Energiewende wieder verlängert werden müssen, weil es aufgrund der vielen Elektroautos, E-Bikes und Segways plötzlich doch nicht anders geht?

Es ist richtig, dass Elektrofahrzeuge als mobile Energiespeicher fungieren können, die den fluktuierenden Stromertrag aus Wind und Photovoltaik abpuffern. Wenn der Wind beispielsweise nachts stark weht, könnte der überschüssige Strom auf diese Weise sinnvoll genutzt werden, da nachts die Elektroautos aufgeladen werden können. Doch angedockt an unser Stromnetz macht das wenig Sinn, denn dieses erfordert den ständigen Betrieb großer Kraftwerke, um die so genannte Netzstabilität zu gewährleisten! Die Kraftwerke müssen also bereits heute auch dann in Betrieb sein, wenn der mit ihnen erzeugte Strom von uns gar nicht benötigt wird.
Richtig, es ist ausgeschlossen, unser Stromnetz abrupt auszukoppeln, zu demontieren – zu viel hängt heute davon ab. Doch über die entsprechende politische Weichenstellung in Form einer angemessenen Gesetzgebung kann es im Laufe mehrerer Jahre Schritt für Schritt ersetzt werden – durch effiziente und zukunftsorientierte Technologie, die weder mit konventionellen Akkus noch mit teuren und schadstoffbelasteten Großtransformatoren oder ähnlich rückständigem Gerät zu tun hat. Die entsprechende politische Weichenstellung wird es jedoch vermutlich nur denn geben, wenn sich eine ausreichende Anzahl von uns in geeigneter Weise dafür einsetzt und somit die Macht eines großindustriellen Energiediktats bricht.

EINE NEUE STRATEGIE

Es genügt nicht, nur gegen etwas zu sein, wie beispielsweise gegen Atomenergie, gegen Fracking, gegen CO2-Verpressung, gegen den Neubau von Kohlekraftwerken, Stromtrassen und Windrädern. Und es genügt auch nicht, für etwas zu sein, das Investitionen fehlleitet, unnötige Kosten verursacht und eine Weichenstellung bedeutet, die bis weit in die Zukunft hinein negativ auf den Lebensalltag zahlloser Individuen wirkt.

Wir brauchen sinnvolle und handfeste Alternativen und der Schlüssel einer dieser Alternativen liegt in einem Molekülgefüge, das uns unter der Bezeichnung » Wasser « bekannt ist.

Wasser besteht aus zwei grundlegenden Elementen, nämlich aus Sauerstoff und Wasserstoff – und Wasserstoff ist bekanntlich ein brennbares Gas. Was vielen jedoch nicht bekannt ist: Wasserstoff verbrennt ohne jegliche Abgase. Anstelle der Abgase entsteht bei der Verbrennung von Wasserstoff lediglich Wasserdampf.

Alle technischen Probleme dieses völlig umwelt- und gesundheitsfreundlichen Gases gelten heute als gelöst. Nicht gelöst hingegen sind Vorurteile in der Bevölkerung. Viele Menschen denken nach wie vor, Wasserstoff sei gefährlich. Aufgeklärtere Zeitgenossen meinen, Wasserstoff könne in einer weit entfernten Zukunft vielleicht eine Rolle bei der Energieversorgung spielen. Beides ist falsch. Wasserstoff ist ungefährlicher als Erdgas und zu null Prozent radioaktiv. Und Wasserstoff kann nicht erst in einer weit entfernten Zukunft eine Rolle bei der Energieversorgung spielen, sondern bereits heute, und zwar eine entscheidende.

Mit Wasserstoff lässt sich regenerativer Strom speichern und über Tausende Kilometer transportieren – mit vernachlässigbaren Verlusten. Das deutsche Gasnetz, das heute einen großen Teil aller Gebäude des Landes miteinander verbindet, kann laut technischer Studien der EU (www.naturalhy.net) einen 50-prozentigen Wasserstoffanteil vertragen, wobei kaum jemand weiß, dass bereits im konventionellen Erdgas von Natur aus ein gewisser Wasserstoffanteil vorhanden ist.

Strom darf allerdings nicht erst in das Hochspannungsnetz eingespeist werden, bevor mit ihm Wasser in seine beiden Bestandteile Sauerstoff und Wasserstoff zerlegt wird (Elektrolyse). Der Ökostrom muss vielmehr sofort an Ort und Stelle seiner Erzeugung für die Elektrolyse verwendet werden, und zwar grundsätzlich ohne dass Strom ins Hochspannungsnetz gelangt! Der entstehende Wasserstoff kann auf diese Weise umgehend in das Gasnetz und in mobile Speicher (z. B. Kraftfahrzeugtanks) eingespeist werden. In diesem Fall ist die Elektrolyse ein effizienter und lohnender Prozess, der heute als » Power-to-gas « bezeichnet wird. Doch obwohl die technischen Voraus-

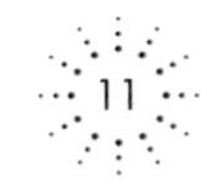

setzungen heute größtenteils vorhanden sind und relativ leicht auf- und ausgebaut werden können, wird dieser Prozess torpediert – von einer durch mächtige Lobbyinteressen beeinflusste und fachfremde Politik.
So sind in Deutschland anstatt 50 Prozent Wasserstoffanteil im Gasnetz nach wie vor nur rund fünf Prozent erlaubt und in der Öffentlichkeit wird die Meinung vertreten, Wasserstofftechnologien seien noch nicht weit genug entwickelt und viel zu unsicher.
Die Firma Enertrag zeigt dabei mit einem ersten kommerziellen Wind-Wasserstoff-Hybridkraftwerk, dass Power-to-gas auch im großen Stil funktioniert. Sogar EON baut eine entsprechende Versuchsanlage, wobei man auch hier wiederum ans verlustbehaftete Stromnetz andockt, anstatt den Wasserstoff am Ort der Stromproduktion zu erzeugen und der direkten Nutzung zuzuführen.
Kurzfristig könnte auf die Nutzung des im Gasnetz befindlichen Wasserstoff-Erdgasgemisches zurückgegriffen werden – unter anderem möglich durch geringfügige Veränderungen an konventionellen Gasbrennern oder durch Brennstoffzellengeräte, die beide Gase verwerten können.
Auf lange Sicht kann Wasserstoff netzunabhängig gespeichert werden oder zudem, wo erforderlich, ein neues Gasnetz aufgebaut werden, ein Wasserstoffnetz, das auf die Anforderungen dieses Gases abgestimmt ist. Wasserstoffnetze von vielen hundert Kilometern Länge zeugen in Deutschland seit Jahrzehnten von Sicherheit und Funktionalität. Netzunabhängige Speicher auf Basis regenerativ und vor Ort erzeugten Wasserstoffs wurden in den letzten Jahren entwickelt.
So kann beispielsweise mit Wasserstoff aus dem Gasnetz am Ort des Verbrauchs via Kraftwärmekopplung in unterschiedlichsten Arten und Größen von Blockheizkraftwerken Strom und Wärme gleichzeitig erzeugt werden – mit höchster Effizienz und bereits mittelfristig ohne jeden Schadstoffausstoß.
Ein zukunftsweisender Teil einer wahren Energiewende wäre demnach ein Gesetz, das fordern würde, ab 2020 in Häusern nur noch Kraft-Wärme-Kopplungs-Geräte neu zu verbauen und keine konventionellen Heizanlagen mehr, die nur Wärme erzeugen und einen großen Teil des zur Verfügung stehenden Energiegehalts des Brennstoffs ungenutzt lassen.
Bei Netzsystemen wäre jedoch in jedem Falle von vornherein darauf zu achten, dass sie langfristig und vollständig Teil der Öffentlichen Hand bleiben und nicht globalen Investitionsmechanismen zum Opfer fallen, mit dem Risiko unnötiger Preistreibereien etc.
Schließlich kann Wasserstoff zu einem universellen Brennstoff avancieren, der nicht nur abgasfreien Brennstoffzellenfahrzeugen den Weg ebnet, sondern auch energieintensiven Unternehmen eine sichere Produktions- und Planungsgrundlage bietet. Crashtests des (damaligen) Automobilkonzerns DaimlerChrysler aus dem Jahr 2002 zeigen im Übrigen,

dass Wasserstofffahrzeuge nicht gefährlicher sind als Fahrzeuge mit Benzintanks.
Nicht nur durch die zunehmende Einspeisung von Wasserstoff in das Erdgasnetz, sondern vor allem durch die übergangsweise Umwandlung von Wasserstoff in Synthetisches Erdgas (SNG), ist Wasserstoff bei uns bereits heute in großem Umfang nutzbar. Die Umwandlung von Wasserstoff in SNG, das die gleichen Eigenschaften besitzt wie das altbekannte Erdgas, gewährt der Umstellung unseres Energiesystems auf » Wasserstoffbetrieb « die hierfür nötige Zeit, und stellt deshalb eine bedeutende Übergangstechnologie dar. Die Umwandlung ist denkbar einfach: Dem Wasserstoff wird ein Abfallprodukt der heutigen Energiewirtschaft zugeführt, nämlich Kohlendioxid. Unter Abgabe von Wärme entsteht so Synthetisches Erdgas. Kohlendioxid (CO2) kann also in einer Zeit des Übergangs in ein neues Energiezeitalter als Rohstoff dienen. Dieser Übergang kann mit der entsprechenden politischen Weichenstellung bereits in 50 Jahren vollzogen sein. Die übergangsweise Verwendung des CO2 als Rohstoff für die Gasproduktion macht die Verpressung dieses klimaschädlichen Abfallprodukts in tiefe Gesteinsschichten über die so genannte CCS-Technologie obsolet und betreibt Schadensbegrenzung hinsichtlich der heute im Bau befindlichen Kohlekraftwerke, die wider besseren Wissens weiterhin Unmengen an CO2 produzieren und in die Atmosphäre ausstoßen werden.

Wasser, also der Ausgangsstoff für Wasserstoff und Sauerstoff, ist ebenso wie Sonnenenergie in unerschöpflichem Maße vorhanden. Beide, Wasser und Sonnenenergie, sind als Rohstoffe zu begreifen, die kostenlos und in unendlichem Maße zur Verfügung stehen und zu 100 Prozent umweltfreundlich und klimaneutral sind. Auf Kraftstoff aus Biomasse, also auf so genannten Biosprit, der unseren Nahrungspflanzen weltweit die Anbaufläche raubt, kann auf Basis dieser Rohstoffe verzichtet werden – ebenso, wie auf die tiefgreifende Umgestaltung unserer Landschaft durch neu entstehende Pumpspeicherseen, Hochspannungstrassen und Windkraftanlagen. Auch auf die roh- und schadstoffintensive konventionelle Akkutechnologien kann so verzichtet werden. Auch wenn bereits heute Batterien bzw. Akkus auf dem Markt erhältlich sind, die nur zu fünf oder zehn Prozent aus giftigen Inhaltsstoffen bestehen, so bleibt zu bedenken, dass ein Stoff, der zu null Prozent aus giftigen Substanzen besteht, in jedem Falle zu bevorzugen ist. Immerhin handelt es sich um einen flächendeckenden Einsatz innerhalb einer langfristigen Weichenstellung. Wasser und Sonne als Rohstoffe konsequent zu nutzen und konsequent die Kraft-Wärme-Kopplung (in heißen Ländern die Kraft-Kälte-Kopplung) zu forcieren, das sind die beiden Zielmarken, die in einer wahren Energiewende anzusteuern sind. Diese Zielmarken sind mit dem vorliegenden Buch in ein Konzept eingebettet, welches sowohl

die heutige Kleckerpolitik samt » EU-Staubsaugergesetzgebung « als auch die Etablierung hochgiftiger Energiesparlampen einer gemeinwohlgefährdenden Klientelpolitik bei Weitem in den Schatten stellt. Einfach, zukunftsorientiert, effizient und sauber.
Nennen wir das Konzept » H2-Energiekonzept « oder kurz » H2EK «. » H « ist das Elementsymbol für Wasserstoff und » H2 « steht für dessen Verbindung zum Molekül.

DAS KONZEPT

Das H2-Energiekonzept sieht vor, einer wahren Energiewende den notwendigen Anschub zu verleihen, was auch Planungssicherheit und Perspektiven für all jene innovativen Unternehmen und Institute bedeutet, die Technologien rund um die Produktion und die Verwendung von regenerativem Wasserstoff in den letzten Jahren und Jahrzehnten zur Marktreife brachten.
Um dem Prinzip des Power-to-gas jetzt den nötigen Anschub zu verleihen und die berechtigte Angst vor einer mit Windparks gespickten mitteleuropäischen Landschaft zu entkräften, muss von einer Energiewende gesprochen werden, die auf europäischer Ebene stattfindet. Das heißt nicht, dass nun das Unmögliche möglich gemacht werden muss, nämlich alle europäischen Entscheidungsträger zum sofortigen Atomausstieg zu bewegen. Es heißt vielmehr, die Potentiale der europäischen Länder im Sinne eines neuen europäischen Zusammenhalts für ein zukunftsweisendes europäisches Projekt zu nutzen und eine Situation zu schaffen, in der es keine Verlierer gibt, und zwar unabhängig davon, ob die gemeinsame europäische Währung die europäischen Krisen übersteht oder nicht. Die Zeit für regenerativen Wasserstoff ist reif.
Der erste und unumkehrbare Schritt einer wahren Energiewende und gleichzeitig in die Wasserstoffgesellschaft wird mit dem H2EK vollzogen. Alles, was wir für den zügigen und wirkungsvollen Einstieg in die wahre Energiewende benötigen, liegt im Süden Europas. Dort haben wir mit Abstand die meisten Sonnenstunden pro Jahr, unbegrenzt Wasser und ungenutzte Landflächen so weit das Auge reicht. Das sind die Grundlagen einer Energiewende, die nicht nur eine echte Konkurrenz zum Atomstrom und zur Kohle darstellt, sondern gleichzeitig eine Konkurrenzsituation zu russischem Erdgas und zum wie auch immer gewonnenen Erdöl schafft. Das H2-Energiekonzept steht auch für eine Energiewende, die schnell zu stabilen Energiekosten führt und nebenbei Hunderttausende neue Arbeitsplätze schafft, und zwar in Südeuropa, ohne hierzulande Arbeitsplätze zu gefährden.
Als erster Schritt muss hiefür lediglich ein Gesetzespaket mit fünf einfachen Übergangsregelungen verab-

schiedet werden. Fünf Gesetze, die für vollständige Transparenz, einen klar definierten Finanzfluss und für die vollständige Rückzahlung der notwendigen Kredite sowie für eine zügige Verwirklichung sorgen. Gesetze, die den Grundstein einer umfassenden Energieversorgung legen, welche ausschließlich in den Händen der Bürger liegt, und zwar in Form von Genossenschaften. Fünf Gesetze, die den Kern der weiterhin schwelenden Wirtschaftskrise mit zunehmender Armut in Europa beseitigen: die schwache Wirtschaftsleistung vieler Länder und die steigende Abhängigkeit von asiatischen Produkt- und internationalen Energiemärkten.
Auf Basis dieser Gesetze, die in einem späteren Kapitel genau beschrieben werden, folgt automatisch der zweite Schritt:
Firmen lassen sich in strukturschwachen Regionen der südlichen EU nieder, angelockt durch Kredite zu einmaligen Konditionen und durch den Anreiz, dass diese Firmen ab Fertigstellung ihrer Niederlassungen Güter herstellen und verkaufen können; zuerst in den Ländern der südlichen EU und schließlich weltweit. Welche Produkte sollen in diesen Niederlassungen gefertigt werden?
Dort werden die Produktionsanlagen zur Wasserstoff- und SNG-Herstellung gefertigt, und zwar von einheimischen Arbeitskräften, doch bereits der Aufbau vorgenannter Niederlassungen selbst wird so weit irgend möglich durch einheimische Bau- und Technologieunternehmen geschehen, die ebenfalls Einheimische zu beschäftigen haben. Dafür steht das zu beschließende Protektions-Ausnahmegesetz des H2-Energiekonzepts.
Die dafür nötigen Darlehen, die von einer zu diesem Zweck ins Leben gerufenen Förderbank vergeben werden und die nur einem Bruchteil jener Kredite entsprechen, die immer wieder für die finanzielle Notversorgung von Banken aufzubringen sind, werden über einen Finanzierungsplan auf Basis des Verkaufs von handelsüblichem Gas restlos zurückgezahlt.
Auch den neu zu gründenden Genossenschaften werden über eine der fünf Übergangsgesetze Darlehen zu einmaligen Konditionen gewährt, um ihnen den Erwerb der Produktionsanlagen für die Gasherstellung zu ermöglichen. Die Genossenschaften erhalten schließlich sämtliche Einnahmen aus dem Verkauf des SNG bzw. des Wasserstoffs und tilgen damit nach und nach die Darlehen, wobei gleichzeitig Gewinne und Rücklagen erwirtschaftet werden. Die jährliche und direkte Gewinnausschüttung an die Anteilseigner (Bürger) führt neben den vielschichtigen konjunkturellen Effekten aufgrund des breit angelegten Bau- und Produktionsgeschehens zu einer zusätzlichen Steigerung der Binnennachfrage in den jeweiligen Ländern. Mehr ist nicht nötig! Und wie diese Prozesse im Detail geplant sind, erfahren Sie im Kapitel » Wirtschaftspolitische Weichenstellung und bürgernahe Wertschöpfung «. An

die Stelle der rund vier Milliarden Euro, die laut Ministerien von deutscher Seite her für den Klimaschutz investiert werden sollen und an die Stelle der zehn bis fünfzig Milliarden Euro für den Ausbau der deutschen Stromnetze, können Darlehen der EU beziehungsweise der EZB treten, die früher oder später ohnehin für den Aufbau der südeuropäischen Wirtschaft bereitgestellt werden müssen. Demnach sind also keine eintausend Milliarden Euro nötig, Herr Altmaier, um für eine (wahre) Energiewende zu sorgen, denn fast alle weiteren Schritte in Richtung Energiesicherheit, Klimaschutz und Wirtschaftsförderung kann hierzulande tatsächlich der realwirtschaftliche Markt regeln – bei geeigneter Gesetzgebung:

WACHSTUM DURCH KOSTENLOSE ENERGIEROHSTOFFE

Einfach gesagt: Mit dem H2EK werden den südlichen Ländern der EU äußerst begehrte Exportprodukte gegeben, die neben der enormen Steigerung der Wirtschaftsleistung für die richtige Weichenstellung der Energie- und Wirtschaftspolitik ganz Europas sorgen. Auf das fragwürdige und aufs Äußerste bedenkliche neue EU-Wirtschaftskonzept mit der Devise » Wachstum durch Rüstung! « (geäußert auf einem EU-Gipfel am 14. Dezember 2012 von José Manuel Barroso und Herman van Rompuy) könnte also tatsächlich verzichtet werden. Die Devise müsste nur lauten: » Wachstum durch kostenlose Energierohstoffe! «.

Besonders der Transport des SNG nach Zentraleuropa kann in technischer Hinsicht bereits heute als gesichert gelten. Das Synthetische Erdgas kann mit Hilfe der ohnehin durch Griechenland und zum Teil durch Italien geplanten und teilweise bereits in Bau befindlichen Pipelines » Southstream « und » Nabucco « optimal transportiert werden, wobei es natürlich auch in Südeuropa selbst Abnehmer fände und damit die jeweiligen Handelsbilanzen zusätzlich verbesserte. In Deutschland kann es über das gut ausgebaute Gasnetz an jede Tankstelle und in nahezu jedes Haus transportiert werden und so bereits heute gewöhnliche Fahrzeuge antreiben und in den Gebäuden mit einer erstaunlichen Effizienz drei Dinge auf einmal produzieren: Heizwärme, Warmwasser und Strom – und zwar, wie gesagt, mit Hilfe der Kraft-Wärme-Kopplung. Für Deutschland würde das neben vorerst stabilen und mit der Zeit sinkenden Gaspreisen eine deutliche Effizienzsteigerung in der Energienutzung bedeuten, die sich neben positiven Umwelt- und Klimaaspekten zudem positiv auf die Geldbörsen der Verbraucher auswirkte. Denn wo man zusätzlich zur Wärme noch Strom produzieren kann, und das ohne mehr Brennstoff zu verbrauchen, rechnet sich das grundsätzlich. Außerdem wäre in Deutschland endlich die Frage gelöst, wo denn der regenerative Wasserstoff herkommen soll, der für den lang ersehnten

und sinnvollen Einsatz der in Warteposition befindlichen technischen Errungenschaften rund um den Wasserstoff notwendig ist. Brennstoffzellenfahrzeuge könnten endlich in großen Stückzahlen in Serie gehen und Brennstoffzellenheizgeräte würden sich immens verbilligen. Auch die Produktionssteigerung regenerativen Wasserstoffs in Deutschland wäre vorprogrammiert.

Energie ist ein Faktor, der maßgeblich über unser Wohlergehen entscheidet. Sie entscheidet über das Funktionieren von modernen Kommunikationssystemen ebenso, wie über die Aufrechterhaltung der Nahrungsmittelversorgung und erst Recht über den Luxus von angenehm klimatisierten Räumen und warmem Wasser. Sich von der Hochtechnologie zu entfernen und die lebensnotwendige Energie primär aus Holz zu beziehen – wie es die eine oder andere politisch engagierte Gruppierung fordert; Stichwort » back to nature « – kann in Anbetracht der globalen Bevölkerungsentwicklung kein gangbarer Weg sein, wenn wir unsere Wälder erhalten möchten. Um das Jahr 1900 gab es rund 1,7 Milliarden Menschen, heute, nur 113 Jahre später, sind wir 7,1 Milliarden.

Energie ist immer auch ein Machtfaktor, denn jeder kann dazu genötigt werden, für den Erhalt des eigenen Wohlergehens immer tiefer in die Tasche zu greifen. Die Macht, die mit dem Faktor Energie ausgeübt werden kann und seit langem wird, darf nicht unterschätzt werden und nicht weiterhin in falschen Händen liegen. Es wird viel dafür getan, dass diese Macht nicht in die Hände aller Bürger gelangt. Wenn wir an einen Strang ziehen, werden wir die nötige Kraft aufbringen, um unsere Ziele zu erreichen und meines Erachtens sollten wir die Chance nutzen, die uns das H2EK bietet. Wir sollten uns nicht durch falschen Stolz und Besserwissereien innerhalb aufgebauschter Detaildiskussionen entzweien lassen und Entwicklungsprozesse so bereits im Keim ersticken. Es muss wohl nicht weiter Erwähnung finden, dass es hier um ein Großes und Ganzes geht.

H2EK plant den bislang bei Weitem effektivsten und konsequentesten Schritt in Richtung Demokratisierung der Energieversorgung – mit weitreichenden Nebeneffekten. Weitere Schritte für den Bruch mit der Vergangenheit sind vorprogrammiert.

Auch wenn hier in Deutschland vieles falsch läuft, so sind wir im internationalen Vergleich dennoch als Fels in der Brandung international operierender Unrechtsstrukturen zu betrachten, und so befremdlich es in den Ohren vieler auch immer klingen mag: Deutschland ist ein Leuchtturm der Demokratie – jener Demokratie, die weiterentwickelt werden muss und nicht zerstört werden darf. Denn es ist nicht die Demokratie selbst, die falsch ist, sondern die Fehler, die in ihr gemacht werden, Fehler, die viele von uns desinteressiert machen am politischen Geschehen. Dieses Desinteresse höhlt das eigentliche Prinzip der bürgerlichen Mitsprache aus und überlässt

das Steuer Unbekannten! Auch die Fehler des so genannten Neoliberalismus tragen daran Schuld. Es gibt vieles, das verbessert und korrigiert werden muss, angefangen beim Finanzsystem bis hin zur möglichen Etablierung neuer Gesellschaftsmodelle. Doch was wir dazu brauchen ist Zeit. Und das H2EK verschafft uns diese Zeit.

Ohne unseren Einsatz kann es nicht zur Verbesserung unserer Lage kommen, dazu ist der Gegenwind aus den Reihen weniger Superreicher und deren gut bezahlter Erfüllungsgehilfen zu stark. Sie sind nicht bereit, von einmal erlangter Macht abzulassen und meist zu abgehoben, um gewisse Realitäten begreifen zu können – allem voran die Realität des Leids eines erheblichen Teils der Weltbevölkerung und der Zerstörung der einzigen und einzigartigen Lebensgrundlage von uns, unserer und ihrer eigenen Nachkommen.

Fossile Energierohstoffe wie Erdöl und Erdgas gelten weltweit nach wie vor als Hauptursache für bewaffnete Konflikte. Ersetzt man fossile durch regenerative Energierohstoffe wie Sonne und Wasser, ist dieses Problem noch nicht aus der Welt. Erst wenn eine durch und durch nachhaltige umwelt- und klimafreundliche Energieversorgung vollständig in den Händen der Bürger liegt, sind Energierohstoffe kein Kriegsgrund mehr.

Die deutsche Energiewende könnte eintausend Milliarden Euro kosten.

Peter Altmaier (Politiker), 2013

Die in der (...) Diskussion ständig wiederholte Behauptung, Erneuerbare Energien seien sündhaft teuer und nicht in der Lage eine verlässliche Vollversorgung mit Strom sicherzustellen, erweist sich als interessegeleitete Angstkampagne.

Rainer Baake (ehem. Bundesgeschäftsführer der Deutschen Umwelthilfe), 2010

Die Definition von Wahnsinn ist, immer wieder das Gleiche zu tun und andere Ergebnisse zu erwarten.

Albert Einstein (Physiker), 1929

Wenn wir die richtige Energiepolitik finden, werden sich viele andere politische Aufgaben von selbst lösen.

Amory B. Lovins (Physiker), 1977

Nur wer von Erdöl-, Erdgas- und Uranförderländern unabhängig ist, kann sein Verhältnis zu ihnen frei wählen.

Andy J. Ehrnsberger (Ingenieur), 2013

Das Wasser ist die Kohle der Zukunft. Die Energie von morgen ist Wasser, das durch elektrischen Strom zerlegt worden ist. Die so zerlegten Elemente des Wassers, Wasserstoff und Sauerstoff, werden auf unabsehbare Zeit hinaus die Energieversorgung der Erde sichern.

Jules-Gabriel Verne (Schriftsteller), 1870

Statt weniger Eigentümer haben wir auf einmal Hunderttausende oder gar Millionen Eigentümer. Das ist nur möglich mit Erneuerbaren Energien und zwar für alle. Die Energieversorgung bekommt eine Demokratisierung.

Hermann Scheer (Politiker), 2008

2. Europas Krisen als Chance

Jene Stimmen, die eine Auflösung der europäischen Einheitswährung befürworten, haben sich in den letzten Jahren gemehrt. Der öffentliche Druck ist gewachsen.
Die Stimmung gegenüber dem Euro verschlechtert sich zunehmend, und zwar innerhalb jener Staaten, denen es derzeit verhältnismäßig gut geht, in denen die Wirtschaft trotz geschönter Armutsberichte wächst, wo die offiziellen Arbeitslosenzahlen akzeptabel sind. Hier hat man Angst um den erreichten Wohlstand, um die Errungenschaften der Mittelschicht, um die selbstverständlich gewordene Sicherheit.
Währenddessen negativiert sich die Einstellung gegenüber der Einheit Europas samt seiner Währung in jenen Staaten dramatisch, in denen Armut und Arbeitslosigkeit in den letzten Jahren drastisch zunahm. Dort hat man Angst vor Hunger und Obdachlosigkeit. Dass die schwache Wirtschaft in diesen Staaten ein Ergebnis jahrzehntelanger Misswirtschaft und gar von Korruption innerhalb dieser Staaten ist, wird dabei häufig übersehen. Ebenso häufig wird übersehen, dass die zeitweise (bevorstehende) Zahlungsunfähigkeit dieser Länder nicht der europäischen Einheit anzulasten ist, sondern unter anderem den Führungsetagen der Banken dieser Länder, die auf Basis hochriskanter Finanzprodukte fremdes Geld verloren – mit Auswirkung auf die Banken anderer Länder, auf Staatsanleihen und auf die Spareinlagen von Durchschnittsverdienern. Auch wird innerhalb dieser Länder übersehen, dass der für die junge Generation gewohnt hohe Lebensstandard ein Ergebnis des europäischen Zusammenhalts ist. Nationalpopulistische Parteien und Gruppierungen erhalten Zulauf. Europapolitiker werden zu Projektionsfiguren für Hass und Häme. Mit Recht?
Europa steht am Abgrund, nicht nur der Euro. Denn bislang gibt es kein Konzept, das die über 25 Millionen Arbeitslosen der EU in Beschäftigung bringen könnte – und das bei expandierenden Märkten in und aus Asien. Es gibt kein Rezept, das kurz-, mittel- und langfristig für Zufriedenheit und Perspektiven in der Bevölkerung sorgen könnte. Auch wenn es die Tagesmedien der reichen Länder Europas nur verhältnismäßig selten zeigen: es rumort nicht nur, es brodelt: in Griechenland, auf Zypern, in Spanien. Und aller Wahrscheinlichkeit bald auch in Italien und Frankreich. Während die Europaskepsis und der nicht ganz unbegründete Pessimismus anhalten, wird geschehen, was die Mehrheit der Protestierenden wünscht. Unter Umständen wird der Euro wird aufgegeben – rechtlich möglich durch einen Beschluss der europäischen Regierungschefs über die Rückübertragung der an die EU abgetretenen Währungssouverä-

nität. Ein Beschluss, dem eine wochenlange Debatte vorausginge – genug Zeit für den Abzug von Kapital in andere Währungen und die darauf folgende Hyperinflation, einhergehend mit dem drastischen Anstieg der Lebenshaltungskosten für alle Bürger der Noch-Eurozone. Banken müssten wohl vorübergehend geschlossen werden, um massenhaftes » Geldabheben « zu verhindern. Überweisungen wären vorläufig, wenn überhaupt, nur noch in Ausnahmefällen möglich.

Dann käme entweder die Wiedereinführung der alten Nationalwährungen (wie der Drachme, der Lire und der D-Mark) oder die Einführung des Nord- und des Südeuro. Hierzu kursieren die unterschiedlichsten Fachmeinungen, die sich zum Teil ähneln, zum Teil aber auch deutlich widersprechen. Worüber man sich jedoch weitgehend einig ist:

Eine neue Währungsreform wäre nicht nur mit enormen Kosten verbunden, welche sogar die Kosten für die vollständige Ausschöpfung des Europäischen Stabilitätsmechanismus (ESM) deutlich überstiegen, sondern ließe auch das politische Gewicht Europas weltweit ins Hintertreffen geraten. Die Wiedereinführung der D-Mark würde jeden Bundesbürger im ersten Jahr umgerechnet zwischen 6.000,- und 8.000,- Euro kosten und in den Folgejahren zwischen 3.500,- und 4.500,- Euro jährlich, meint UBS-Chefökonom Stephane Deo hierzu.

Da die D-Mark dabei bis zu 50 Prozent an Wert gewänne, verteuerten sich die deutschen Exporte dauerhaft und die internationale Wettbewerbsfähigkeit deutscher Unternehmen würde nur über die Senkung der Lohnkosten aufrechterhalten werden können. Vereinfacht gesagt: Die Deutschen würden nach der Wiedereinführung der D-Mark im Verhältnis zu heute deutlich weniger verdienen. Nach der Einführung des Nordeuro hingegen wäre das in diesem erheblichen Maße nicht der Fall, denn die heute sehr bedeutenden Handelspartner Mittel- und Nordeuropas hätten ja dieselbe Währung.

Darüber hinaus würde die Schuldenkrise der südlichen EU weiterexistieren – wenngleich die so genannte Transferunion abgeschafft wäre (bei der Geld von reichen Ländern in arme fließt) und die südlichen Länder ihre Wettbewerbsfähigkeit über die Abwertung ihrer Währungen wieder herstellten. Aufgrund der jetzt auftretenden Staatspleiten, denen nun kein Euro, keine Transferunion und kein ESM mehr im Weg stünde, hätten die betreffenden Länder zwar auf Basis weiterer Schuldenschnitte am Ende kaum noch Schulden, doch gewisse Institutionen hätten ein großes Problem: nämlich Banken und Versicherungen (auch Deutsche), die nun auf große Geldmengen verzichten müssten. Renten, Versicherungserträge und Spareinlagen wären mehr denn je gefährdet. Die Kreditvergabe an Unternehmen würde erneut einbrechen – mit Negativfolgen für notwendige Investitionen und schnell auch für unsere Gehälter.

Die Staatspleiten des europäischen Südens führten jedoch auch zu ganz unmittelbaren Folgen innerhalb der betreffenden Länder. Renten und Sozialleistungen könnten nicht mehr bedient werden, Gehälter und Pensionen an Staatsbedienstete ebenso wenig; auch der Bildungssektor und die Infrastruktur wären betroffen –

ein entscheidender Nährboden für die Ausbreitung der organisierten Kriminalität.

Doch wie man am Beispiel Argentiniens mit seiner Staatspleite im Jahr 2002 sieht, schafft ein Bankrott auch Nährboden für einen Neuanfang. Da für den europäischen Süden nun allerdings höchstwahrscheinlich keine Institution mehr existierte, die Korruption und Misswirtschaft eindämmen könnte (über Aufsicht und Strukturreformen, wie dies z. B. im heutigen Griechenland geschieht), würde das alte Spiel aus steigender Staatsverschuldung, sinkenden Staatseinnahmen und ausbleibenden Exporterlösen wohl wieder von vorne beginnen – mit einer erstarkten organisierten Kriminalität, welche auch die Bürger des reichen Nordens tangieren dürfte. Was geschieht, wenn Verbrecherorganisationen vollständig die Oberhand über die drei Staatsgewalten erlangen, sieht man im heutigen Mexiko.

Nichts würde sich also zum Besseren wenden. Erstrecht nicht die Wirtschaftsleistung und der allgemeine Lebensstandard in diesen Ländern.

In dieser unüberschaubaren Situation, in der sich Europa und mit ihm die Weltwirtschaft (aufgrund des Gewichts, das der Kontinent mit seiner Währung im internationalen Gefüge hat) befinden, scheint es in der Bevölkerung auf Kurz oder Lang kaum Gewinner zu geben, egal, welcher der genannten und bislang diskutierten Wege eingeschlagen wird.

Hieße es hingegen, es gibt eine Möglichkeit, hunderttausende neue Arbeitsplätze im Süden Europas zu schaffen, könnte sich eine risikobehaftete heiße Phase der Krise schlagartig entspannen. Die einfachste Lösung wäre es dann, den Euro schlichtweg zu behalten und mit ihm auch die auf den Weg gebrachten Maßnahmen gegen Korruption und Misswirtschaft – und vorübergehend auch die Nothilfen für angeschlagene Banken.

Würde schließlich auch noch klar sein, dass diese Arbeitsplätze langfristig erhalten blieben und diese Länder langfristig mit einem deutlichen Wirtschaftswachstum zu rechnen hätten, wären auch die so genannten Finanzmärkte erst einmal beruhigt und Wetten auf Kreditausfälle wären sprunghaft rückläufig. Auch die Bürgschaften des ESM bräuchten nicht abgerufen zu werden. Die Vorteile des Euro und die Freiheiten in der EU blieben erhalten. Und man würde Zeit gewinnen. Zeit, die dringend benötigt wird, um die Fehler der Vergangenheit zu korrigieren.

Es gibt sie, die Möglichkeit der Schaffung von Hunderttausenden neuen Arbeitsplätzen im Süden Europas. Eine Möglichkeit mit weitreichenden positiven Effekten. Nicht nur für Realwirtschaft und Finanzmärkte, sondern » nebenbei « auch für die Umwelt, das Klima und die Konfliktbewältigung auf transnationaler Ebene – in Europa und Weltweit.

Diese Möglichkeit trägt den Namen H2-Energiekonzept. Lassen Sie uns nun anhand eines konkreten Beispiels versuchen, diese Möglichkeit Wirklichkeit werden zu lassen. Währenddessen werde ich für meinen Teil versuchen, weniger emotional zu sein. Nehmen wir als Beispiel Griechenland.

Die Wenigen, die das System verstehen, werden dermaßen an seinen Profiten interessiert oder so abhängig von seinen Vorzügen sein, daß aus ihren Reihen niemals eine Opposition hervorgehen wird. Die große Masse der Leute aber, geistig unfähig zu begreifen, wird seine Last ohne Murren tragen, vielleicht sogar ohne je Verdacht zu schöpfen, dass das System ihnen feindlich ist.

Gebrüder Rothschild (Bankiers), 1863

Durch Kunstgriffe der Bank- und Währungspolitik kann man nur vorübergehende Scheinbesserung erzielen, die dann zu umso schwererer Katastrophe führen muss. Denn der Schaden, der durch Anwendung solcher Mittel dem Volkswohlstand zugefügt wird, ist umso größer, je länger es gelungen ist, die Scheinblüte durch Schaffung zusätzlicher Kredite vorzutäuschen.

Ludwig von Mises (Wirtschaftswissenschaftler), 1928

Eigentlich ist es gut, dass die Menschen der Nation unser Banken- und Geldsystem nicht verstehen. Würden sie es nämlich, so hätten wir eine Revolution noch vor morgen früh.

Henry Ford (Gründer der Ford Motor Company), 1936

Wir stehen am Rande einer weltweiten Umbildung. Alles, was wir brauchen ist die richtige, allumfassende Krise und die Nationen werden in die Neue Weltordnung einwilligen.

David Rockefeller (Bankier und Politiker), 1991

Ich habe bisweilen den Eindruck, dass sich die meisten Politiker immer noch nicht darüber im Klaren sind, wie sehr sie bereits heute unter der Kontrolle der Finanzmärkte stehen und sogar von diesen beherrscht werden.

Prof. Dr. Dr. h. c. mult. Hans Tietmeyer (ehemaliger Präsident der Deutschen Bundesbank), 1996

3. Eine technische Hilfe

Folgt man den offiziellen Informationen der Tagesmedien, so gibt es für die griechische Tragödie der letzten Jahre Ursachen, die das Land selbst zu verschulden hat, und ebenso Ursachen, die von Europa und dem Rest der Welt ausgehen.
Griechenlands Anteil an der Misere beläuft sich in erster Linie auf den Beitritt zur Währungsunion im Jahr 2001, ohne dabei die vorgeschriebenen Kriterien (die Konvergenzkriterien) zu erfüllen. Laut offiziellen Angaben wurde dies von Griechenland verschwiegen.
Die zweite große Ursache sind die überdimensional hohen Staatsausgaben und drittens: die zu geringen Staatseinnahmen.
Die bereits seit 1992 existenten Konvergenzkriterien bestehen aus Vorgabewerten für die so genannte öffentliche Hand und deren Finanzpolitik. Sie verfolgen das Ziel, eine Angleichung der Wirtschaftsräume zwischen den EU-Mitgliedsstaaten bezogen auf die Leistungsfähigkeit zu befördern und damit auch eine grundsätzliche wirtschaftliche Stabilität und Solidität der EU zu gewährleisten. In ihnen ist festgelegt, dass die Inflationsrate eines Landes nicht mehr als 1,5 Prozent und der Zinssatz langfristiger Staatsanleihen nicht mehr als zwei Prozent über dem Durchschnitt der drei preisstabilsten Mitgliedstaaten liegen darf. Außerdem ist darin festgelegt, dass der Schuldenstand nicht mehr als 60 Prozent und das jährliche Haushaltsdefizit nicht mehr als drei Prozent des Bruttoinlandsprodukts (BIP) betragen darf. Die griechischen Staatsschulden beliefen sich jedoch bereits im Jahr 2001 auf 100 Prozent des BIP – heute sind es mit einem Stand von rund 350 Milliarden Euro 160 Prozent (Stand Februar 2012).

KONTROLLVERLUST AUF DER AUSGABENSEITE

Die überdimensional hohen Staatsausgaben sind auf mehrere Ursachen zurückzuführen. Allein im Jahr 2002 wurden die Löhne des Landes um bis zu 15 Prozent erhöht, und von Beginn an (2001) bis heute hat Griechenland trotz des mittlerweile 230-prozentigen Anstiegs schuldenbasierter Staatsausgaben seine Investitionen laufend zurückgefahren. Die unterdurchschnittlichen Investitionen bei derart überdurchschnittlichem Konsum flossen dabei – flankiert durch ungenügende Kontrollmechanismen bei der Auftragsvergabe des Staates – weitgehend in intransparente Großprojekte: Wegbereiter der Korruption. Dabei lagen allein die griechischen Rüstungsausgaben von 2001 bis 2011 bei durchschnittlich drei Prozent des BIP, während sie in Deutschland rund 1,3 und natoweit (ohne USA) rund 1,7 Prozent ausmachten. Des Weiteren war es bis vor Kurzem Tradition in Griechenland, dass neu gewählte Parteien ihren Mitgliedern automatisch Arbeitsplätze in der Verwaltung verschafften, was dazu führte, dass der Staatsapparat mit einem Anteil von rund 25 Prozent aller in Griechenland Beschäftigten noch heute personell aufgebläht und nicht nach Kompetenz besetzt ist. Diese Beamten bezogen 14 Monatsgehälter. Nach einer Online-Zählung trat am Ende sogar eine nicht existierende Gesundheitsbehörde zutage. Zur enormen Ineffizienz des griechischen Behördenapparates gesellt sich das Phänomen der im Herbst 2011 noch rund 21.000 Phantomrentner hinzu, die Renten erhielten, obwohl sie bereits verstorben waren.

Zu den Ursachen für die geringen Staatseinnahmen zählen vergleichsweise geringe Steuern auf private Gewinne und Vermögen. 2007 lagen diese Steuern im Durchschnitt bei 15,9 Prozent, in Deutschland betrugen sie 24,4 Prozent. Den Höchstwert in der EU erreicht Großbritannien mit 42,7 Prozent. Hinzu kommt, dass die Hinterziehung von Steuern alles andere als effektiv verfolgt wurde, weshalb Steuerhinterziehung in Griechenland nach wie vor als » Volkssport « bezeichnet wird. Dabei würde ein Ende dieser Steuerausfälle in Höhe von geschätzten 30 Milliarden Euro jährlich bereits genügen, einen Haushaltsüberschuss zu erzeugen (was das Land vor der Krise bewahrt hätte). Doch wie sollte das gelingen, wenn in den Archiven der griechischen Finanzämter das blanke Chaos herrscht? Aufgrund des Ausbleibens effektiver Investitionen in die Zukunft der griechischen Wirtschaft konnte diese im Laufe der Euromitgliedschaft nicht breiter aufgestellt werden und lebt noch heute in erster Linie davon, Naturprodukte zu erzeugen, Schifffahrt zu betreiben und Tourismus zu ermöglichen. Bereits seit dem EU-Beitritt von 1981 fehlen in Griechenland grundlegend wettbewerbsfähige Strukturen und Arbeitsplätze mit hohen Qualitätsanforderungen.

DER PART VON EU UND GLOBALER KRISE

Die Schuld der Europäer beläuft sich in erster Linie auf unzureichende Sanktions- und Motivationsmechanismen hinsichtlich der Missachtung der europäischen Verträge. Außerdem stellt die unzureichende Eingriffsmöglichkeit in die Haushaltspolitik einzelner Mitgliedsländer ein entscheidendes Problem dar.

International betrachtet erhielt Griechenland trotz der hohen Verschuldung weitere Kreditzusagen, und zwar zu identischen Bedingungen wie andere, deutlich niedriger verschuldete Länder. Außerdem können die im Zuge der sich ab 2007 anbahnenden, weltweiten Finanzkrise ergriffenen Maßnahmen zur Bankenrettung als Teilursache bezeichnet werden, denn Griechenland war mit Irland am stärksten von einem angeschlagenen Bankensektor betroffen. Um Banken vor einem möglichen Bankrott zu retten, wandelte auch Griechenland Kreditrisiken der Geldhäuser in staatliche Risiken um. Durch das gestiegene staatliche Ausfallrisiko wurde es für den griechischen Staat aufgrund höherer Risikoprämien umgehend teurer, sich auf den Finanzmärkten Geld zu leihen.

Die immer weiter ansteigenden und regelmäßigen Haushaltsdefizite führten somit dazu, dass sich die Staatsverschuldung stetig erhöhte und die Kreditkonditionen, zu denen Gläubiger noch bereit waren, frisches Geld zu verleihen, immer ungünstiger wurden. Sowohl die zunehmende Staatsverschuldung (Tilgungslasten) als auch die kostspieliger werdenden Kreditkonditionen (Zinslasten) belasteten wiederum den griechischen Staatshaushalt. Als die Leistungsfähigkeit der griechischen Wirtschaft und die Staatsverschuldung durch die Rating-Agenturen mit Recht immer schlechter bewertet wurden, beschleunigte sich die vorstehend beschriebene Entwicklung hin zu immer höheren Kapitalkosten.

Fraglich ist außerdem, ob es nicht die Einführung des Euro selbst war, die zur Explosion der griechischen Kapitalkosten führte. Denn erstens sanken durch den Euro die Zinsen, zu denen sich Griechenland an den Finanzmärkten Geld leihen konnte, von über zehn auf unter fünf Prozent, was trotz gleichbleibender Wirtschaftskraft zu einem drastischen Anstieg der Schuldenaufnahme führte. Zweitens haben Länder wie Griechenland seither nicht mehr die Möglichkeit, ihre Währung an die Wirtschaftsleistung anzugleichen, also abzuwerten.

VERHINDERTE PLEITE

Seit Griechenland Finanzhilfe beantragte, gilt der Staat nun seit dem Frühjahr 2010 inoffiziell als zahlungsunfähig, was im eigentlichen Sinne einer Pleite entspricht. Da ein Zulassen der damaligen Pleite gleichzeitig all jene Staaten betroffen hätte, die die gleiche Währung – den Euro – besitzen, wurde in schnellen Schritten alles unternommen, um diesen Konkurs abzuwenden. Aus der eigentlichen Pleite wurde die verhinderte Pleite, die Anfang Mai 2010 zwischen griechischer Regierung, der Troika aus Europäischer Union (EU), Europäischer Zentralbank (EZB) und dem Internationalen Währungsfonds (IWF) mit Kreditzusagen im Wert von insgesamt 110 Milliarden Euro beschlossen wurde. Die Auflage war jedoch, dass Griechenland ein rigoroses Sparprogramm umsetzen müsse. Die Verbindung aus Hilfskrediten (Hilfspaket) und Sparauflagen (Sparpaket) wurde Rettungspaket genannt, und im beiliegenden Kreditvertrag heißt es:

» Der Darlehensnehmer verzichtet hiermit unwiderruflich und bedingungslos auf die ihm zustehende oder eventuell in Zukunft zustehende Immunität in Bezug auf ihn selbst oder seine Vermögenswerte. « Das ist bedenklich.

Mit der kurzfristigen Kreditzusage konnte erst einmal Zeit gewonnen werden, in erster Linie um Griechenlands Zahlungsfähigkeit zur Begleichung laufender Zins- und Tilgungslasten zu gewährleisten. Dabei war allen Beteiligten von vorneherein klar, dass das Land nicht weitermachen konnte wie bisher. Das Volumen

der Hilfskredite von EU und EZB beläuft sich seit der letzten Aufstockung im Februar 2012 auf rund 240 Milliarden Euro. Davon werden vierteljährlich Tranchen in Höhe von jeweils mehreren zehn Milliarden Euro ausbezahlt, jedoch nur bei Zeitigung von Fortschritten hinsichtlich der Sparbeschlüsse.
Zu den monetären Schritten, die seit 2010 notwendig wurden, um die Pleite Griechenlands abzuwenden, zählen mittlerweile auch solche, die gegen einschlägige Regeln verstoßen, wie beispielsweise der Ankauf griechischer Staatsanleihen durch die Europäische Zentralbank von privaten Gläubigern, zu denen Banken ebenso zählen wie Versicherungen und Hedgefonds. Doch mit kurzfristigen Finanzhilfen und Aufkäufen ist es lange nicht getan. Für jene, die Griechenland in der Eurozone halten wollen, existiert das übergeordnete Ziel, Griechenlands Wettbewerbsfähigkeit wieder herzustellen, wovon man jedoch aufgrund der Nähe zum Staatsbankrott nach wie vor weit entfernt ist. Um dieses Ziel zu erreichen, wurde eine Art Fahrplan entwickelt, der über drei tragende Säulen verfügt: Neben den übergangsweisen Finanzhilfen sollen die Staatsschulden sukzessive reduziert (Privatisierung von Staatseigentum und Sparpakete) sowie die wirtschaftlichen Rahmenbedingungen neustrukturiert werden (Strukturreformen der Staats- und Finanzverwaltung). Zusätzlich sollen spätestens nach erfolgreicher Implementierung dieser Maßnahmen auch gezielte Investitionen in die Modernisierung der Wirtschaft erfolgen, wodurch unter anderem neue Wachstumsimpulse geschaffen werden sollen.

IM WÜRGEGRIFF DER SPARAUFLAGEN

Die grundlegende Bedingung aller weiterer finanzieller und institutioneller Hilfen war dabei die schriftliche Einwilligung in die von der Troika diktierten Sparmaßnahmen, und zwar durch die Führer aller großen griechischen Parteien. Die bindende Ratifizierung eines Großteils dieser Auflagen erfolgte erst im Februar 2012:

• Anhebung der Mehrwertsteuer von 19 auf 23 Prozent sowie Erhöhung der Steuern auf Tabak, Spirituosen und Kraftstoff • Anhebung der Vermögensteuer und Einführung einer Solidaritätssteuer • Abschaffung aller Steuerbefreiungen • Einfrierung der Beamtengehälter über 2.000 Euro • Streichung des 13. und 14. Monatsgehalts von Beamten • Einstellungsstopp im öffentlichen Dienst: Nur jede fünfte Stelle, die im öffentlichen Dienst frei wird, soll neu besetzt werden • Stellenstreichungen im öffentlichen Dienst um 150.000 bis 2015 • Anhebung des durchschnittlichen Rentenalters von 61,3 auf 63,4 Jahre • Die Vermögen von Leistungsbeziehern wie Rentnern, Arbeitslosen und Mindestverdienern sollen überprüft und eine Reihe von Leistungen gekürzt werden • Reduzierung der Verwaltungsebenen von fünf auf drei • Reduzierung der Stadtverwaltungen von derzeit über 1000 auf 370 • Die Verpflichtung der Ämter, ab 2012 bargeldlosen Zahlungsverkehr bei Beträgen über 1.500 Euro einzuführen • Verteidigungsausgaben: Im kommenden Jahr will das Land bei der Rüstung 200 Millionen Euro sparen, von 2013 bis 2015 sollen es dann jährlich 333 Millionen Euro sein • Bis 2015 sollen rund 1,5 Milliarden im Gesundheitssystem gekürzt werden. Die Ausgaben für Arzneimittelerstattungen sollen gesenkt werden • Investitionen: In diesem Jahr sollen 700 Millionen Euro weniger fließen, die Hälfte dieser Summe soll auf Dauer wegfallen • Privatisierungen: Viele Staatsbetriebe sollen in private Hand wechseln. Unsicher ist, ob in der derzeitigen Lage angemessene Preise für die Unternehmen erzielt werden können • Einrichtung eines Sperrkontos für den Empfang der Hilfsgelder und die Überweisung der Zins- und Kreditschulden an die Gläubiger (Griechenland selbst soll auf das Konto keinen Zugriff haben).

Doch neben diesen Auflagen und der von der beherzten Umsetzung dieser Auflagen abhängigen weiteren Finanzhilfe zur kontinuierlichen Begleichung der erdrückenden Zinslasten, stehen nach wie vor die diesen Lasten zugrunde liegenden Staatsschulden im Raum. Heute beträgt der Schuldenstand annähernd 350 Milliarden Euro.

Die Schuldenkrise, die Währungskrise und die Wirtschaftskrise innerhalb Europas hängen zusammen. Wenngleich sie zum Einen auf unterschiedliche Ursachen zurückzuführen sind, bedingen sie sich zum Anderen. Und sie beeinflussen sich gegenseitig. Wie man anhand des zweiten Kapitels dieses Werks sieht, ist eine Steigerung der Wirtschaftsleistung innerhalb der primären Krisenstaaten der ideale Weg, um negative Folgen abzumildern und gar nicht erst entstehen zu lassen.

DIE PERSPEKTIVE

Um sich dem übergeordneten Ziel der Wiederherstellung der griechischen Wettbewerbsfähigkeit und dem damit zusammenhängenden wirtschaftlichen Aufschwung **annähern** zu können, gibt es für Griechenland Finanzhilfen, Schuldenschnitt und Strukturreformen und die damit einhergehenden Sparprogramme. Um mit konkreten Schritten **voranschreiten** zu können, befinden sich (zu deren Verwirklichung und gleichzeitig zur Initiierung neuer Wachstumsimpulse) gezielte Investitionsprogramme in Planung und Umsetzung, die die langfristige Steigerung der Wettbewerbsfähigkeit über technische Hilfsmaßnahmen ermöglichen sollen.

Die Wettbewerbsfähigkeit Griechenlands in der wohl oder übel fortschreitenden Globalisierung ist nötig, um Griechenland und sein Volk an internationalen Wertschöpfungsprozessen teilhaben zu lassen. Nur so kann das Land am Ende – so ist es gedacht – als adäquater Teil der Europäischen Union funktionieren, und genau zu diesem Zweck benötigt es innerhalb erfolgreich verlaufender Strukturreformen technische Hilfe zum Aufbau der maroden Wirtschaft.

Trotz aller Komplexität ist es der Troika, den griechischen Behörden, den Euromitgliedern und bestimmten Organisationen (die Griechenland technische Hilfe anbieten), am 12. Oktober 2011 bei einem ersten Koordinierungstreffen gelungen, Eckpunkte zu formulieren, wie die technische Hilfe durchgeführt werden kann. Zu diesen Eckpunkten zählen Maßnahmen, um Wachstum und Beschäftigung zu fördern. Das sind in erster Linie sektorale Maßnahmen, die auf aktuell zur Verfügung stehende EU-Fonds gerichtet sind und das geschäftliche Umfeld in den Bereichen Energie, Agrarindustrie, Fremdenverkehr und Abfallwirtschaft verbessern sollen. Außerdem ist sowohl die Privatisierung von Staatseigentum geplant wie auch eine funktionierende Steuerpraxis und die Kontrolle der Staatsausgaben. Horizontale Strukturreformen für Arbeitsmarkt, Gesundheits- und Justizwesen und die Glättung öffentlicher Verwaltungsstrukturen sollen ebenfalls effizient bewerkstelligt werden. Im Zuge der Konkretisierung dieser Eckpunkte wurden 100 hochrangige prioritäre Strukturfonds-Projekte angestoßen, die gewährleisten sollen, dass die verbleibenden 13 Milliarden Euro von Griechenlands Struktur- und Kohäsionsfondsmitteln für den Zeitraum 2007 bis 2013 optimal genutzt werden.

166 » MARSHALLPLAN « – PROJEKTE ...

Unter der Leitung des deutschen Ökonomen Horst Reichenbach soll eine dreißigköpfige Task-Force für Griechenland (TFGR) für die bessere Nutzung der Griechenland zustehenden (aber nur unzureichend abgerufenen) Fördermilliarden der EU-Fonds sorgen. Außerdem soll sie die Steuereintreibung verbessern helfen, elektronische Kommunikationsdienste im öffentlichen Dienst und der Privatwirtschaft effizienter nutzen lassen sowie dafür sorgen, dass die Reformen der Verwaltung und des Gesundheitssystems tatsächlich durchgeführt werden. Auch die Vermittlung möglicher Investoren, insbesondere in den Branchen Tourismus, Agrarindustrie und erneuerbare Energien liegt im Tätigkeitsbereich der TFGR. Die Hilfe beim Zugang zu Finanzmitteln für kleine und mittlere Unternehmen soll dabei eine ebenso wichtige Rolle spielen wie die Unterstützung besonders wichtiger öffentlich-privater Partnerschaften.

Rund zwei Monate nach dem Treffen vom 12. Oktober 2011 veröffentlichte die EU das ausgearbeitete Papier, auf dem **» die 100 hochrangigen prioritären Strukturfonds-Projekte «** gelistet sind (***http://goo.gl/Bn0qn*** *[alle Internet-Links sind auf Seite 105 zusammengefasst]*). Auf diese Veröffentlichung hin war am 12. und 13. Dezember 2011 auf rund 35 deutschen Internet-Nachrichtenseiten in identischem Wortlaut zu lesen: » Unter anderem soll die griechische Eisenbahn OSE modernisiert werden, mehrere Straßen auf den Inseln sowie eine Autobahn im Westen des Landes gebaut werden. Forschungsprojekte griechischer Universitäten sollen finanziert werden. Die U-Bahnen der Hauptstadt Athen sollen ausgebaut werden. Zudem soll das elektronische System der griechischen Steuerämter modernisiert werden. « In den kommenden Jahren sollen damit 125.000 neue Arbeitsplätze entstehen.

Bei genauem Hinsehen ergibt sich die Zahl von 166 mittleren und großen, zum Teil sehr löblichen Projekten, die insgesamt rund 10,5 Milliarden Euro kosten sollen (10.529.792.517 Euro). Seitens der griechischen Regierung wird die Inaussichtstellung der 10,5 Milliarden verständlicherweise als Geldsegen betrachtet. Im Zuge der Bereitstellung dieser Gelder sollen rund eine halbe Milliarde Euro in den Bau einer Autobahn fließen, die die Städte Elefsina, Korinth, Patras, Pyrgos und Tsakona verbindet, 140 Millionen Euro sollen dem Ausbau des ländlichen Telekom-Breitbandsystems zukommen. Allein das neu zu errichtende elektronische System der griechischen Finanzämter ist dabei rund eine dreiviertel Milliarde Euro wert.

… MIT TEILWEISE ZWEIFELHAFTER WIRKUNG

Ein Teil der angeschobenen Projekte findet im Energiesektor statt. Das Projekt mit der Nummer 8 hat das Ziel, den privaten Wohnungssektor beim Energiesparen zu unterstützen. Wie das ungefähr funktionieren soll, wird nicht gesagt, nur, dass es 396 Millionen Euro kosten wird. Ein anderes Projekt – Projekt Nummer 7 – forciert die Verbindung der Inselgruppe Kykladen mit dem kontinentalen Hochspannungsnetz mit veranschlagten Kosten von rund 127 Millionen Euro. In den Ohren vieler mag es als besonders fortschrittlich gelten, eine Inselgruppe, die ihren Strom bislang in erster Linie durch Dieselgeneratoren erzeugte, an ein kontinentales Hochspannungsnetz anzuschließen. Doch unter Berücksichtigung der Tatsache, dass das betreffende kontinentale Hochspannungsnetz in erster Linie Strom aus Kohlekraftwerken transportieren soll, stellt sich schnell die Frage, ob das Projekt die 127 Millionen Euro Wert ist. In Deutschland, wo sich seit einigen Jahren vieles um Effizienzsteigerungen im Energiesektor dreht und sich die aktuelle Kanzlerin immer wieder mit den Begrifflichkeiten der dezentralen Kraft-Wärme-Kopplung schmückt, würde die Abschaffung der Dieselgeneratoren als klarer Rückschritt gelten! Warum? Weil der Dieselgenerator eine Grundlage der dezentralen Kraft-Wärme-Kopplung ist.
Im Jahr 2002 trat in Deutschland das so genannte Kraft-Wärme-Kopplungsgesetz in Kraft. » Zweck des Gesetzes ist es … « – so steht es im Gesetzestext – » … einen Beitrag zur Erhöhung der Stromerzeugung aus Kraft-Wärme-Kopplung … auf 25 Prozent durch den befristeten Schutz, die Förderung der Modernisierung und des Neubaus von Kraft-Wärme-Kopplungsanlagen (KWK-Anlagen), die Unterstützung der Markteinführung der Brennstoffzelle sowie die Förderung des Neu- und Ausbaus von Wärmenetzen, in die Wärme aus KWK-Anlagen eingespeist wird, im Interesse der Energieeinsparung, des Umweltschutzes und der Erreichung der Klimaschutzziele der Bundesregierung zu leisten. «

WARUM INEFFIZIENTE TECHNIK FÖRDERN?

Dieselgeneratoren erzeugen Strom an dem Ort, wo der Strom benötigt wird, und die Abwärme (die zum

Beispiel in einem Kraftfahrzeug über den Kühler abgeführt werden muss) wird für die Warmwasserversorgung eines Hauses genutzt. Dieses System wird auch unter der Bezeichnung Blockheizkraftwerk geführt und kann in Deutschland auf Basis des sehr gut ausgebauten Gasnetzes anstatt mit Diesel mit Gas betrieben werden, das bekanntermaßen deutlich umweltfreundlicher verbrennt. Eine Alternative zur geplanten Anbindung an das ressourcenintensive – weil verlustreiche – sowie umweltschädliche – weil auf fossilen, kohlenstoffhaltigen Energieträgern basierende – kontinentale Hochspannungsnetz könnte demnach die Installation einer Anlage sein, die es der Insel ermöglicht, all ihre Energie selbst zu produzieren, und das auf Basis von Technologien der Gegenwart, und nicht der Vergangenheit. Bei den rund 30.000 Haushalten auf diesen Inseln könnte man hierfür mit 127 Millionen Euro gut hinkommen, wenn man vergleicht, dass mit dem 300 Millionen Euro teuren Solarkraftwerk Andasol 1 in Südspanien sogar 200.000 Haushalte mit Energie versorgt werden. Vereinfacht gesagt könnte man die Kykladen also für weniger als 50 Millionen Euro mit Sonnenenergie versorgen, anstatt 127 Millionen für den Anschluss an die vorhandenen Schweröl- und Kohlekraftwerke zu investieren. Und zu Ende gedacht würde die Investition von 127 Millionen Euro in Solarkraftwerke eine Versorgung von weit über 80.000 Haushalten ermöglichen. Doch allem Anschein nach schafft man sich hier lieber exakt dieselben Probleme, die man in derselben Zeit andernorts bekämpft – beispielsweise den CO2-Ausstoß. Ein Skandal – nicht nur was die Steuergeldverschwendung anbetrifft.

Ungefähr 97.000 Haushalte und Kleinunternehmen, davon etwa 30.000 ärmere Haushalte, sind laut Aussagen des Vorsitzenden der gewerkschaftlichen Organisation GENOP DEI, Nikos Fotopoulos, in Griechenland dauerhaft ohne Strom. Laut Fotopoulos waren es im ersten Halbjahr 2011 aufgrund unbezahlter Stromrechnungen zeitweise sogar 250.000 Unternehmen und Haushalte. Humanistisch betrachtet würde es hier wohl mehr Sinn machen, den Menschen Solaranlagen aufs Dach zu schrauben und Bleibatterien in den Keller zu stellen, als sie mit dem Bau teurer Stromtrassen in die Abhängigkeit von Energieunternehmen zu treiben.

FRAGWÜRDIGE PROJEKTAUSWAHL

Wie sich allein aus dem Kykladen-Beispiel ablesen lässt, ist es leider nicht so, dass alle in Griechenland investierten europäischen Milliarden automatisch sinnvoll und zielführend investiert werden. Und dafür ist diesmal nicht Griechenland verantwortlich.

Allein beim Projekt Nummer 7 könnte man sich weit mehr als die Hälfte an Investitionskosten sparen und dabei trotzdem den gleichen Effekt erzielen, nämlich die Versorgung von 30.000 Haushalten mit Strom, und das sogar unter Berücksichtigung der

Klimaziele. Verständlich, dass es für die in Europa Verantwortlichen und ihre Mitarbeiter derzeit viel zu tun gibt, doch trotzdem sollte Derartiges nicht sang- und klanglos hingenommen werden. Die Konsequenz, die aus derartigen Missständen langsam aber sicher gezogen werden sollte, ist die Einführung einer neuen judikativen Instanz, durch die sämtliche Entscheidungen – egal welcher Fachrichtung – vor der Ratifizierung hindurchgehen müssen, um auf Zielkonformität hin überprüft zu werden. Ein Ministerium für Synergien und Transparenz ist also überfällig. Ob das den Vertretern bestimmter Großkonzerne gefallen würde, ist jedoch fraglich.

Doch immerhin: Die Maßnahmen der Troika zielen in die richtige Richtung, nämlich dahin, die griechische Wettbewerbsfähigkeit herzustellen, um den wirtschaftlichen Aufschwung einzuleiten, der dem griechischen Bevölkerungsdurchschnitt einen Lebensstandard in Aussicht stellt, der für uns Deutsche derzeit noch selbstverständlich ist. Dabei bin nicht nur ich der Ansicht, dass selbst diese weiterführenden Maßnahmen der technischen Hilfe nach wie vor nur den Nährboden bilden. Es fehlt immer noch etwas Entscheidendes...

Helios: Mehr Wasser auf den heißen Stein

Worin ich mir mit Herrn Wolfgang Schäuble einig bin, ist die Notwendigkeit, Griechenland ein langfristig tragfähiges und international gefragtes Exportgut zu verleihen. Dieses Gut soll helfen, die griechische Handelsbilanz zu verbessern, die griechische Wettbewerbsfähigkeit kurz- und langfristig zu steigern und so weit wie möglich auf kostengünstige und im Inland vorhandene Ressourcen zurückgreifen zu können. Dass Energie diese Kriterien erfüllt, liegt auf der Hand.
Griechenland hat viel kostenlose Sonne, viel kostenlosen Wind und viel ungenutzte Fläche. Und Energie wird sowohl im In- als auch im Ausland dringend benötigt. Zur in Griechenland einsatzfähigen Fläche zählen unter anderem die rund 2.900 unbewohnten Inseln, die ausgedehnten Ebenen des Festlands wie beispielsweise auf der peloponnesischen Halbinsel sowie Flächen auf See. Hinzu kommt die in Griechenland kostenlos zur Verfügung stehende und im Übermaß vorhandene Ressource Wasser. Doch was wird aus diesen Potentialen gemacht?
Am 21. Juni 2011 bekundete Bundesfinanzminister Wolfgang Schäuble in einem ZEIT-Interview seine Ambition, für Griechenland neben allen Finanz- und Strukturhilfen ein wettbewerbsfähiges und begehrtes Exportgut schaffen zu wollen:

» … Drittens müssen wir für Griechenland neue Wachstumsperspektiven eröffnen. Ein Ansatz könnte sein, die Mittelmeerländer in einem stärkeren Maße bei der Wende hin zu erneuerbaren Energien mitzunehmen, etwa beim Solarstrom. Griechenland hat eine viel höhere Anzahl von Sonnenstunden im Jahr als wir in Deutschland und könnte Strom zu uns exportieren. Die griechische Wirtschaft hätte damit **ein wettbewerbsfähiges Exportgut** und ein begehrtes dazu. Ohne solche und andere Wachstumsperspektiven würde ich mich sehr schwer tun, dem deutschen Steuerzahler das erhebliche Risiko eines neuen Programms aufzubürden. «

Ein erstes greifbares Ergebnis dieser Äußerungen und der ihr zugrunde liegenden und darauf beruhenden Entwicklungen stand erstmals im Oktober 2011 im öffentlichen Fokus: das Helios-Projekt. Mit der Arbeit am Projekt befasst sich der Staatssekretär im Bundeswirtschaftsministerium, Herr Stefan Kapferer.
Aus dem Bundeswirtschaftsministerium heißt es hierzu am 6. September 2011:
» Beim Helios-Projekt handelt es sich um ein Konzept des griechischen Ministeriums für Umwelt, Energie und Klimawandel. Grundidee ist, die in Griechenland vorhandenen Potentiale zur Energieerzeugung mittels der dort

vergleichsweise reichlich verfügbaren Sonne zu heben und auch für den Rest Europas nutzbar zu machen. Der griechische Minister, Herr Georgios Papakonstantinou, hat Herrn Kapferer während dessen Aufenthaltes am 25. August 2011 die Grundzüge dieses Konzeptes unverbindlich erläutert. Vereinbarungen in irgendeiner Form wurden dabei nicht getroffen. Der griechische Minister kündigte an, das Konzept nach einer Überarbeitung der Öffentlichkeit vorstellen zu wollen… «
Zwar hat das Helios-Projekt laut *cleanthinking.de* lediglich 600 neue Arbeitsplätze zu bieten (laut Insiderinformation sollen es 1.000 Arbeitsplätze sein), doch bietet es auch eine Antwort auf eine Frage, die sich den besorgten und nach Lösungen suchenden Griechen schon seit Langem stellt: **Was soll Griechenland produzieren, um wirklich wettbewerbsfähig sein zu können?** Die Antwort ist einfach: Energie! Und dazu hat Griechenland alles, was es braucht, zumindest fast. Mit Ausnahme von Geld und Technik hat Griechenland viel Sonne und viel ungenutzte Fläche, aber auch viel Wind und viel Wasser.

ZU DEN FAKTEN

Auf rund 200 Quadratkilometern, also auf einer Fläche von 10 x 20 Kilometern, sollen mit Helios rund zehn Gigawatt Photovoltaikkapazität geschaffen werden, was rund elf durchschnittlichen europäischen Atomkraftwerken entspricht. Das ist mehr Strom, als Griechenland selbst benötigt, wobei dieser Strom ausschließlich für den Export nach Deutschland bestimmt ist, das aufgrund der EU-Klimaregeln und des Atomausstiegs ab 2020 rund 35 Gigawatt Kraftwerkskapazität benötigt, um Energie aus regenerativen Quellen zu gewinnen. Bis 2020 sollen nach dem Helios-Plan allerdings erst drei Gigawatt zur Verfügung stehen und die zehn Gigawatt erst bis 2050 erreicht sein.
Das für Helios veranschlagte Investitionsvolumen belief sich laut Insiderinformation ursprünglich auf sechs Milliarden Euro. Medienberichten zufolge wurde das Volumen seitens des Bundeswirtschaftsministeriums mittlerweile auf 20 Milliarden aufgestockt. Laut den Vorstellungen von Wirtschaftsminister Rösler soll das hierfür benötigte Kapital aus den zur Verfügung stehenden Struktur- und Kohäsionsfonds gespeist werden, es soll über eine neu zu erstellende Förderbank für den griechischen Mittelstand schnell und flexibel abrufbar sein. Kurze Zeit nach der Veröffentlichung dieser Information stellte sich allerdings heraus, dass dieses Geld den 166 Projekten der Troika dienen soll.

HOHER AUFWAND FÜR KLEINEN EFFEKT

Die deutsche Solarwirtschaft möchte sich laut einem Bericht der Süddeutschen Zeitung vom 7. Oktober 2011 mit fünf Prozent, also mit einer Milliarde Euro an den Projektkosten in Höhe von 20 Milliarden beteiligen. Fünf Milliarden Euro würde allein der Bau neuer

Stromtrassen zwischen Deutschland und Griechenland kosten.
Damit hat Helios 600 neue Arbeitsplätze für Griechenland, Solarstrom für Deutschland und Gewinne für die Stahl- und Energiewirtschaft zu bieten. Bei der aktuellen griechischen Arbeitslosenquote von 20 Prozent ein eher unausgegorener Plan, wie auch auf ZEIT-Online am 4. Oktober 2011 geäußert wurde. Ein zumindest in Teilen positiver Aspekt von Helios ist dabei, dass mit den Einnahmen aus dem Exportgut Strom ausschließlich die griechischen Staatsschulden abgetragen werden sollen. Tatsächlich? Und wo profitiert der Bürger?

1.) Helios zielt ausschließlich auf die Installation von Photovoltaikanlagen. **2.)** Helios muss mehrere Milliarden Euro für Stromleitungen bereitstellen. **3.)** Es entstehen nicht genügend Arbeitsplätze in Griechenland. **4.)** Helios fördert in erster Linie die deutsche Wirtschaft. **5.)** Der geringe Beitrag zur deutschen Energieversorgung wird nicht berücksichtigt. **6.)** Es wird nicht versucht, gleichzeitig auch andere Probleme zu lösen.

KRITIKPUNKTE IM DETAIL

Zu 1.) Photovoltaikkraftwerke, also großflächige Anlagen aus Photovoltaikmodulen (PV-Modulen), die aus Sonneneinstrahlung direkt Strom produzieren, haben in der zugrunde gelegten Technologie lediglich eine Haltbarkeit von 20 Jahren, während zudem die Leistungsfähigkeit mit zunehmendem Alter sinkt. Außerdem sinkt der Stromertrag bei der PV mit zunehmender Außentemperatur, was dieser Technologie in südlichen Ländern im Zusammenhang betrachtet nach zehn Betriebsjahren nur mehr einen durchschnittlichen Jahreswirkungsgrad von rund 10 Prozent ermöglicht, während von offizieller Seite von einem Wirkungsgrad von über 14 Prozent gesprochen wird. Dabei stehen heute deutlich effizientere Technologien zur Verfügung.

Zu 2.) Der Transport von Energie über Hochspannungstrassen bringt erhebliche Verluste mit sich. Sie belaufen sich auf ein Prozent Verlust je 100 Kilometer Leitungstrasse. Die Distanz zwischen Athen und München beträgt 1.500 Kilometer Luftlinie und rund 2.000 Kilometer via kürzestem Verkehrsweg über Italien. Der so entstehende Verlust beliefe sich auf 20 Prozent des in Griechenland mittels Photovoltaik erzeugten Stroms, würde man nicht auf die Hochspannungs-Gleichstrom-Übertragung (HGÜ) zurückgreifen. Das HGÜ-System lohnt sich für den Einsatz über Land aufgrund deutlich höherer Kosten nur bei großen Entfernungen. Der Leitungsverlust zwischen Griechenland und Deutschland von rund 20 Prozent bei konventioneller Hochspannungstechnologie kann durch HGÜ auf rund zehn Prozent reduziert werden.
Doch hinzu kommen Verluste, die sowohl auf die Umwandlung von Gleichstrom auf Wechselstrom, die Transformation zwischen den unterschiedlich starken Hochspannungstrassen und auf die Rückumwand-

lung des Wechselstroms zurück auf den für nahezu alle technischen (Haushalts-) Geräte notwendigen Gleichstrom zurückzuführen sind. Diese Transformationsverluste, die letztlich in Form von Wärme an die Umgebung abgegeben werden, belaufen sich auf drei bis fünf Prozent. Was zudem nur wenige wissen ist, dass industrielle Großtransformatoren hochgiftige Kühlflüssigkeiten beinhalten.
Unter Berücksichtigung der auch unter Punkt 1) angeführten System- und Wirkungsgradverluste kämen beim deutschen Endkunden auf Basis des Helios-Plans nur maximal acht Prozent der in Griechenland auf entsprechender Fläche zur Verfügung stehenden solaren Einstrahlung an. Für dieses verlustreiche Geschäft allein fünf Milliarden Euro in Stromtrassen zu investieren kommt unter Betrachtung sehr viel effizienterer Alternativen der Verschwendung von Steuergeldern gleich. Zum Teil scheint man das im Kreise der Verantwortlichen mittlerweile eingesehen zu haben, weshalb ein neuer Plan entwickelt wurde: Der in Griechenland produzierte Strom soll zwar nach Deutschland verkauft werden, dort aber gar nicht ankommen. Ein reines Finanzgeschäft?

Zu 3.) Die mit Helios zu erwartenden 600 bis 1.000 dauerhaften Arbeitsplätze für Griechenland sind langfristig zu wenig, um der hohen Arbeitslosenquote von derzeit 20 Prozent und der dramatisch ansteigenden Jugendarbeitslosigkeit entgegenwirken zu können. Unter den aktuellen EU-Arbeitsmarktregelungen und hinsichtlich der Tatsache, dass voraussichtlich deutsche Unternehmen den Aufbau der solaren Kraftwerke bewerkstelligen werden, ist selbst während der Aufbauphase von Helios nicht mit einer Verbesserung der griechischen Arbeitsmarktsituation zu rechnen. Daran ändert auch die Tatsache nichts, dass man neuerdings versucht, mit utopischen Zahlen zu punkten. Wo sollen die 60.000 neuen Arbeitsplätze durch Helios denn herkommen, Herr Industriekommissar Oettinger?

Zu 4.) Da Deutschland in Europa Marktführer im Bereich der erneuerbaren Energietechnologie ist, muss damit gerechnet werden, dass sich die Auftragsvergabe beim deutsch-griechischen Helios-Projekt in erster Linie auf deutsche Unternehmen konzentrieren wird. Arbeitsplätze in Griechenland können so allerdings kaum geschaffen werden.

Zu 5.) Die Aussage, dass Deutschland bis 2020 zusätzliche 35 Gigawatt an regenerativer Energie benötigt, ist allein schon deshalb irreführend, weil die meisten Endkunden bei dem Stichwort Energie in erster Linie an Strom denken. Dabei beträgt der deutsche Bedarf an Elektrizität nur 20 Prozent des Gesamtenergieverbrauchs. 80 Prozent bestehen aus dem direkten Verbrauch von Erdöl, Erdgas und Kohle für Industrie, Handel, Mobilität und Haushalte (Heizung, Warmwasserversorgung etc.). Somit verwundert es nicht, dass in Deutschland im Winter 2011/12 keinerlei Energieengpässe zu verzeichnen waren, obwohl im Sommer

HALTBARKEIT VON PHOTOVOLTAIK-MODULEN LAUT FRAUNHOFER INSTITUT FÜR SOLARE ENERGIESYSTEME

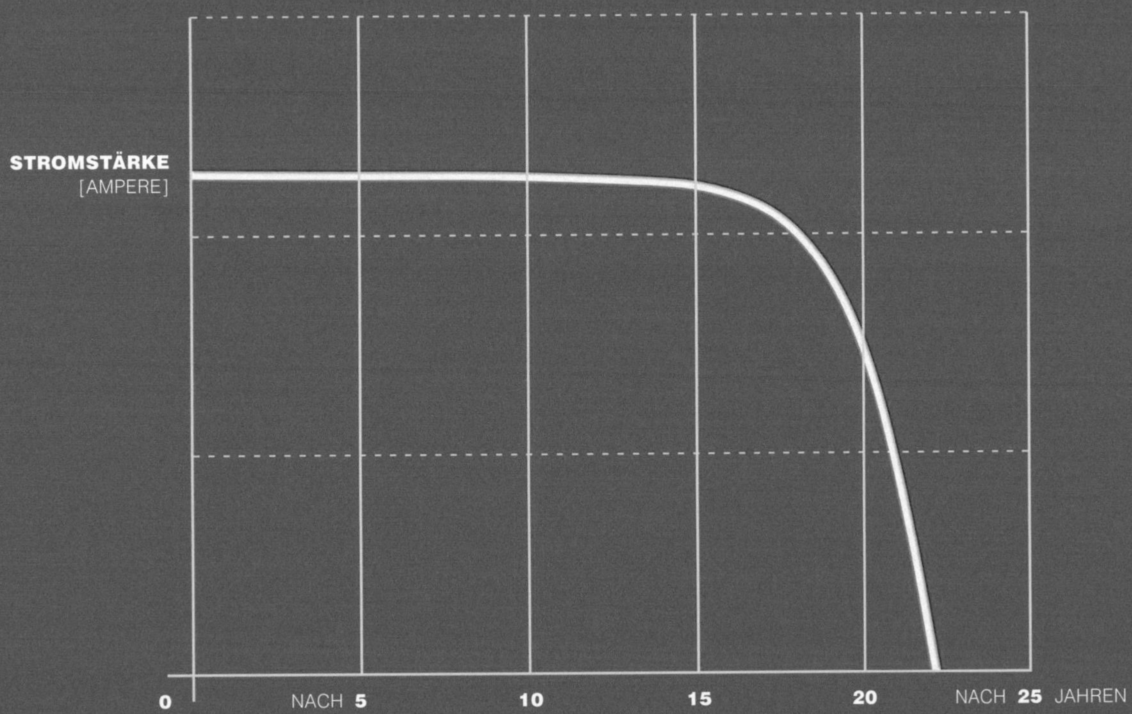

Nach einer Untersuchung des Fraunhofer Instituts für solare Energiesysteme aus dem Jahr 2008 beträgt die Lebensdauer von polykristallinen Solarmodulen nur rund 20 Jahre. Auch bei anderen heute gebräuchlichen Photovoltaikmodulen bewegt sich die Lebensdauer in einem Zeitspektrum von lediglich zehn bis 30 Jahren!

2011 sieben Atomkraftwerke mit einer Nennleistung von insgesamt sieben Gigawatt abgeschaltet wurden. Dass es letztlich aufgrund zu hoher Verluste und damit zu hoher Kosten keinen Sinn macht, Wasser und Gebäude mit Strom zu beheizen, ist in Deutschland zudem spätestens seit den 1970er-Jahren bekannt. Bei der in Frankreich gängigen Praxis, für die Beheizung von Wohnungen vermehrt Elektroheizungen zu verwenden, darf es ebenfalls niemanden wundern, dass dessen Stromnetz trotz der unübertroffenen Zahl von 58 atomaren Reaktorblöcken regelmäßig kurz vor dem Kollaps steht und deshalb Geschäftsleute dazu aufgefordert werden müssen, Reklamebeleuchtungen abzuschalten. Einziger Sinnstifter für das Helios-Projekt wäre demnach die konsequente Einführung von batteriebetriebenen Elektrofahrzeugen, wobei die Berücksichtigung umweltschädlicher Inhaltsstoffe von Batterien – erst recht bei enorm hohen Stückzahlen – in die Weichenstellung für unsere (überlebensnotwendige) Energiezukunft einfließen sollte. Bei den Überlegungen, batteriebetriebene Elektrofahrzeuge flächendeckend einzuführen, sollte zudem bedacht werden, dass diese – wie auch neue kontinentale Stromtrassen – immer auch ein Einfallstor für den Weiterbetrieb konventioneller Kraftwerke sein können, denn wer kann heute mit Sicherheit sagen, dass in Zukunft nicht neue Atomstromkampagnen auf uns warten. Kein unrealistisches Szenario, wenn man bedenkt, dass sich weltweit aktuell rund 40 Atomkraftwerke in Bau, rund 80 in Planung und circa 440 in Betrieb befinden. Zudem baut Russland gerade an einer Flotte aus schwimmenden Kernkraftwerken, um den Energiebedarf für den Abbau von Bodenschätzen in der Arktis zu sichern.

Zu 6.) Bei einem Investitionsvolumen von 20 Milliarden Euro sollte größter Wert darauf gelegt werden, negative Nebeneffekte ausschließen zu können und positive in Betracht zu ziehen, erst recht dann, wenn es sich um weichenstellende Projekte handelt. Was bei Helios nicht hinreichend bedacht wurde, ist die Notwendigkeit, regenerativ erzeugten Strom auch längerfristig speichern zu können. In Deutschland müssen Anlagen zur Produktion regenerativen Stroms (Windkraftanlagen) regelmäßig gedrosselt oder sogar abgeschaltet werden, um die vorhandenen Stromnetze nicht zu überlasten. Zudem kommt es vor, dass man in Regionen Deutschlands, in denen mehr regenerativer Strom produziert als zu dieser Zeit benötigt wird, den produzierten Strom an das benachbarte Ausland verschenkt, er in Deutschland also trotz der hohen Anlageninvestitionen ungenutzt bleibt. Außerdem verhält es sich so, dass auf den Strombörsen bei zu geringer Stromnachfrage so genannte Negativpreise entstehen, was heißt, dass die Betreiber Geld dafür erhalten, wenn sie die Stromproduktion drosseln. Dieses Problem stellt sich auch beim Helios-Plan, denn auch griechischer Solarstrom kann nicht gespeichert werden. Und Helios bietet hierfür keine Lösung an.

Arno A. Evers an Angela Merkel und an die Mitglieder der Ethikkommission » Sichere Energieversorgung « (nach Fukushima) in einem offenenen Brief vom 12. April 2011:

» Sehr geehrte Frau Bundeskanzlerin, ... Bitte erlauben Sie mir, Sie ein wenig bei Ihrer Arbeit zu unterstützen. Dazu sind einige Zahlen vielleicht hilfreich ... Sie mögen zwar bekannt sein, enthalten aber ein hohes Verbesserungs-Potenzial. Das Potenzial ist immens... Erstaunlicherweise werden diese Zahlen, Daten, Fakten weder in so genannten Expertenkreisen noch in den Medien beachtet oder gar diskutiert. Das sollte nicht so bleiben, dafür sind sie zu wichtig. Eine neue Energiestrategie, die Sie jetzt schaffen sollen, und die als Leitlinie für die nächsten Jahrzehnte gelten soll, ist in der Tat dringend erforderlich. Sie kann allerdings nur auf Grundlage einer sauberen Analyse des Ist-Zustandes erfolgen. Nach Angaben des BDEW, Bundesverband der Energie- und Wasserwirtschaft e.V. Berlin, vom 22. März 2010 ist das deutsche Stromnetz ... 1.783.209 Kilometer lang. Diese Strecke entspricht viermal der Entfernung von der Erde zum Mond. Zusätzlich werden in Deutschland mehr als 550.000 Transformatoren (Umspannwerke) benötigt, um dieses Netz am Laufen zu halten und nur um Elektrizität vom Ort der Erzeugung (meist immer noch Kohlekraftwerke) zu den Verbrauchern in Industrie, Haushalt und KMU (kleine und mittlere Unternehmen [Anmerkung des Autors]) zu bringen. Hier bitte ich um eine Beurteilung durch Sie nach "gesundem Menschenverstand", ob das jemals sinnvoll war oder gar durch einen weiteren Netzausbau zukünftig gefördert werden sollte...
Laut der Arbeitsgemeinschaft Energiebilanzen e.V. betrugen die Umwandlungsverluste bei der Stromerzeugung (Verbrauch und Verluste im Umwandlungsbereich, Fackel- und Leitungsverluste) im Jahr 2008 (neuere Zahlen sind leider nicht verfügbar) 141,6 Millionen Tonnen Steinkohleneinheiten (1 Mio. t SKE = 29,308 Petajoule)*. Diese Zahl allein sagt noch nicht viel. Die gesamten Energienutzungen in allen deutschen Haushalten betragen 87,3 Millionen Tonnen Steinkohleneinheiten. Dazu kommen auf Gewerbe, Handel, Dienstleistungen und übrige Verbraucher zusammen weitere 49,2 Millionen Tonnen Steinkohleneinheiten, das entspricht total einer Summe von 136,5 Millionen Tonnen Steinkohleneinheiten*. Alle Verbraucher dieser Gruppen benötigen also weit weniger Energie, als die derzeitigen Verluste in der Elektrizitätswirtschaft betragen. Dies ist der aktuellen Energie-Infrastruktur geschuldet, die in ihren Grundzügen in den Jahren 1880-1890 festgelegt wurde. Und sich seither nicht mehr wirklich verbessert hat... «

Anmerkung des Autors:
** 141,6 Millionen Tonnen Steinkohleneinheiten = 4.150 Petajoule = 1.153.756 Gigawattstunden* ***Verlust!***
** 136,5 Millionen Tonnen Steinkohleneinheiten = 4.000 Petajoule = 1.112.054 Gigawattstunden* ***Verbrauch!***
* ***Verluste: Mehr als 50 Prozent der benötigten Primärenergie*** *(im heutigen Energie-Gesamtsystem)* ***!***

Wie einmal mehr zu folgern ist, werden (wie so oft) Steuergelder in Milliardenhöhe verschwendet. Zudem werden wieder einmal Entscheidungen forciert, die sowohl allen Erkenntnissen der letzten Jahre – sei es hinsichtlich der Effizienzsteigerung unseres Energiesystems oder auch hinsichtlich der Verwendung umweltschädlicher Substanzen – diametral entgegenstehen. Auf lange Sicht, also bezogen auf Zeiträume zwischen 50 und 100 Jahren, sind diese nicht mehr rückgängig zu machen und beeinflussen und lenken unsere Energie- und Kostenzukunft nachhaltig! Zudem haben wir es in Europa mit sehr schwerwiegenden Krisen zu tun, in denen Helios aus gegebenem Anlass nicht mehr bewirkt als ein Tropfen auf einem heißen Stein.

MEHR WASSER AUF DEN HEIßEN STEIN

Für die schnelle und deutliche Steigerung der Wirtschaftsleistung Griechenlands plädiert das H2-Energiekonzept (H2EK) dafür, dieses Land – wie später auch die anderen Länder der südlichen EU – in die Lage zu versetzen, ein neues, international sehr begehrtes Exportgut produzieren zu können, und zwar mit dem obersten Leitziel, Europa für immer unabhängig zu machen von Erdöl, Erdgas, Kohle und Uran.
Das neue Exportgut Griechenlands ist synthetisches Erdgas, das lediglich Sonne, Wasser und das Treibhausgas Kohlendioxid zur Herstellung benötigt. Übergangsweise kann die Kraft der Sonne dabei durch Windenergie ergänzt werden, wobei von Windkraft aufgrund des enormen Ressourcenbedarfs zur Herstellung von Windkraftanlagen langfristig abzuraten ist.
Jedem Bürokaufmann und erst recht jedem Ökonomen ist dabei geläufig, dass die lohnendsten Geschäfte in der Realwirtschaft solche sind, deren Grundlage aus kostenlosen Rohstoffen besteht. Und zwar – im Gegensatz zum gut gemeinten jedoch wirtschafts-, finanz- und energiepolitisch kaum spürbaren Helios-Projekt – im großen Stil, mit Technologien, die weit mehr als doppelt so lange halten und mit Endprodukten, die alle Bereiche des europäischen Energiebedarfs abdecken können.
Das synthetische Erdgas (SNG) dient Europa umgehend und in zunehmendem Maße als umweltfreundlicher Energieträger, der das allseits bekannte fossile Erdgas sowie Erdöl, Kohle und das atomare Uran nach und nach ersetzt. Bereits nach kurzem Betrieb der griechischen Gasproduktion kann das SNG nach und nach durch den Wasserstoff ersetzt werden, welcher in der SNG-Herstellung vorläufig als Zwischenprodukt dient. Je mehr der Wasserstoff das SNG ersetzt, desto höher wird die Effizienz bei der Gasherstellung und die finanziellen Erträge für die Bürger. Doch dazu später mehr.
Das Konzept kann heute durch entsprechende Gremien der EU geprüft, vertieft und verwirklicht werden. Wie bereits im ersten Kapitel angedeutet und im achten Kapitel genau erläutert, wird der Auf-

schwung in Griechenland annähernd in jenem Moment einsetzen, in dem das Gesetzespaket des Konzepts verabschiedet wird.
Sobald die zur Verwirklichung des H2EK notwendigen Darlehen zurückgezahlt sind, steigern sich die finanziellen Erträge abermals, und zwar diesmal um mehrere hundert Prozent (siehe Kapitel 8 ab Seite 86). Diese Effizienzsteigerung kann entweder die Gewinne der griechischen Genossenschaften des H2EK erhöhen und damit nochmals die Binnennachfrage steigern oder zu einer deutlichen Senkung der dann mittlerweile stabilisierten europäischen Gaspreise führen, oder zu einer Mischung aus beidem.
Das Konzept baut nicht auf unserem veralteten Energiesystem mit seinen Großkraftwerken, Hochspannungstrassen und Umspannwerken auf, das rund 50 Prozent an Verlusten aufweist, im Gegenteil, es berücksichtigt, dass nur 20 Prozent der in Deutschland benötigten Energie in Form von Strom genutzt wird. 80 Prozent werden heute primär auf Basis der direkten Verbrennung von Öl, Benzin, Gas und Holz genutzt und der neue Brennstoff des H2EK kann diese Brennstoffe ersetzen und nebenbei Strom erzeugen. Und auch Kohle wird auf lange Sicht nicht mehr benötigt. Doch an erster Stelle trägt die Verabschiedung der fünf Übergangsregelungen des H2EK dafür Sorge, dass die so genannten Finanzmärkte das lang ersehnte klare Signal mit folgenden Botschaften erhalten: • Es gibt ein langfristiges und sofort umsetzbares Zukunftskonzept für Europa. • Das Konzept hilft Griechenland umgehend und unweigerlich aus der Krise. • Die dafür benötigten Investitionen befinden sich in einem überschaubaren Rahmen. • Auch andere Mittelmeeranrainer können dieses Konzept verwirklichen.
Das Konzept weist den Weg in die nachhaltige und saubere Energiezukunft Europas, basierend auf einer sinnvollen und tatsachenbasierten Energiewende und basierend auf einem neuen europäischen Zusammenhalt, bei dem jedes Land mit den ureigenen Potentialen zur Gesundung des Kontinents beiträgt und die Länder sich gegenseitig mit Ihren Fähigkeiten ergänzen und stärken.
Innerhalb eines historischen Moments bietet das H2EK die Möglichkeit, einen nicht unerheblichen Teil der gravierendsten Probleme heutiger Tage zu lösen und schafft ausreichend Zeit für die notwendige Optimierung unserer Demokratie, für die überfällige Reform finanzpolitischer Prozesse und die Entwicklung neuer, zukunftsfähiger Gesellschaftsmodelle.
Das Konzept betrachtet die Krise als einmalige Chance, Vorteile in die Wege zu leiten, die aufgrund von Lobbyinteressen ansonsten wohl niemals in die Wege geleitet werden würden.
H2EK bedeutet nicht nur, dass die Finanzmärkte ein gutes Stück stabiler wären, weil Europa nun jenes tragfähige Zukunftskonzept hat, das zwischenzeitlich vielerseits gefordert wurde. Es bedeutet nicht nur ungeahnte wirtschaftliche Impulse und den Aufbau einer völlig neuen Umweltindustrie in Südeuropa. Es

bedeutet nicht nur, dass Europa wieder zum Vorreiter erneuerbarer Energien avancierte. Es bedeutet nicht nur den groß angelegten Anfang vom Ende der Klimaerwärmung. Es bedeutet auch, dass Kriege um Energierohstoffe der Vergangenheit angehörten und man sich um Kriege um Wasser und Nahrungsmittel aufgrund der neuen industriellen Schwerpunkte heute keine Sorgen mehr machen müsste. Das H2-Energiekonzept liegt auf der Linie des US-amerikanischen Sozial-Designers Jacque Fresco.

Das H2-Energiekonzept ist so ausgelegt, dass es auch bei vorläufig noch maroden Verhältnissen funktioniert und in jedem Falle Sinn macht, solange nebenher eindeutige Fortschritte bei den eingeleiteten Strukturreformen zu verzeichnen sind. Denn das H2EK findet in einem klar umgrenzten Rahmen statt.

Das Geld für die Investition kommt von der EU, allerdings fließt es direkt in die Infrastruktur, und ein Teil der Regelungen sorgt dafür, dass der Geldfluss jederzeit von der Öffentlichkeit eingesehen werden kann. So ist genau verifizierbar, wo das Geld hin fließt, wobei ganz klar umgrenzt ist, wofür es verwendet wird. Das heißt, es darf nur in entsprechende Teilprojekte fließen und darf nicht beispielsweise zum Stopfen von Schuldenlöchern eingesetzt werden.

Dabei kann auf einen erheblichen Teil der heute für Klimaschutz und Netzausbau anberaumten Milliardeninvestitionen verzichtet werden, denn die Verwirklichung des H2EK setzt die Energieversorgung Europas automatisch auf ein klimafreundliches Gleis, mit dem sich der langfristige Klimaschutz nahezu von selbst ergibt. Zusammen mit den ohnehin in die griechische Wirtschaft geplanten Investitionen können diese ohnehin notwendigen Klima- und Netzmilliarden für eine vollständige Finanzierung des H2EK sorgen – und das mit einem handfesten Finanzierungsplan, der für die kontinuierliche Rückzahlung aller gewährten Kredite sorgt. Verteilt auf die Eurozone würden diese Milliarden in keinem der an der Finanzierung des H2EK beteiligten Länder spürbar ins Gewicht fallen - zugunsten des Nebeneffekts stabiler, ja sogar sinkender Energiekosten und eines zukunftsorientierten, bürger- und umweltfreundlichen Wirtschaftskonzepts.

Im Aufbau-Sicherungsgesetz des H2EK ist geregelt, welcher Anteil der Investitionen de facto in den Aufbau der Firmenniederlassungen und welcher Teil in den Aufbau der durch Genossenschaften betriebenen Produktionsanlagen für SNG und Wasserstoff fließt. Auch die Auftragsvergabe wird so von vornherein über die EU geregelt, und zwar ebenfalls öffentlich einsehbar.

Auf Basis einer grundlegenden Reform des europäischen Energiesystems generiert die Verwirklichung des H2-Energiekonzepts lang anhaltende wirtschaftliche Impulse und konkurriert dabei mit der Gewinnabschöpfung durch Großkonzerne des Energiesektors. Finanzielle Erträge kommen direkt den Bürgern zugute und sorgen für eine starke Binnenkonjunktur. H2EK sorgt für eine gerechtere Verteilung und unter-

GRIECHENLANDS **SOLARENERGIEPOTENZIAL**

JÄHRLICHE EINSTRAHLUNG[3]
[Kilowattstunden je Quadratmeter]

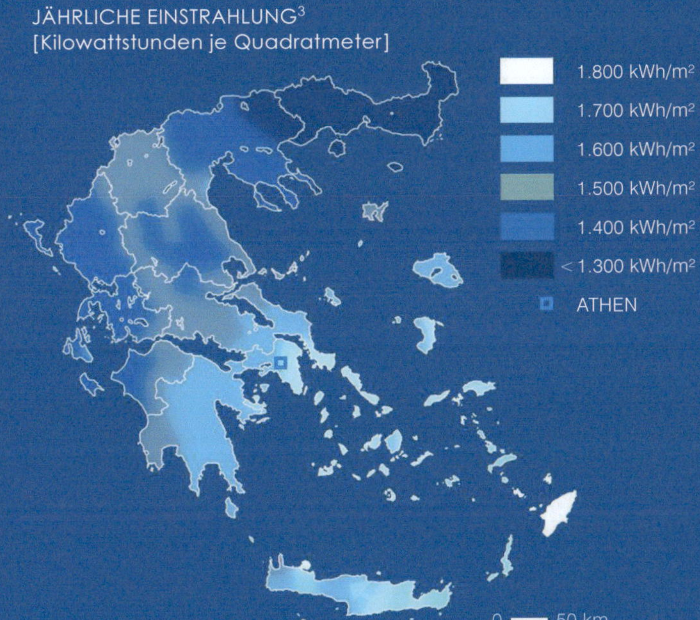

In Deutschland liegt das durchschnittliche solare Strahlungsangebot bei 900 bis 1.200 Kilowattstunden pro Quadratmeter jährlich[1]. Im ersten Halbjahr 2011 wurden bereits 3,5 Prozent des deutschen Strombedarfs aus Solaranlagen generiert[2]. Ein Vergleich der durchschnittlichen Normalstrahlung (DNI) Deutschlands und Griechenlands zeigt, dass die Voraussetzungen für die großflächige Nutzung der solaren Einstrahlung in Griechenland allerorts erfüllt sind. Besonders in der Südhälfte Griechenlands liegt die solare Einstrahlung im Vergleich zu Deutschland nahezu doppelt so hoch.

1) Quelle: www.Solaranlagen-Portal.de
2) Quelle: Bundesverband der Energie- und Wasserwirtschaft
3) Quelle: European Commission; Joint Research Center

WÜSTENBILDUNG IN GRIECHENLAND

RISIKOBEWERTUNG[4]

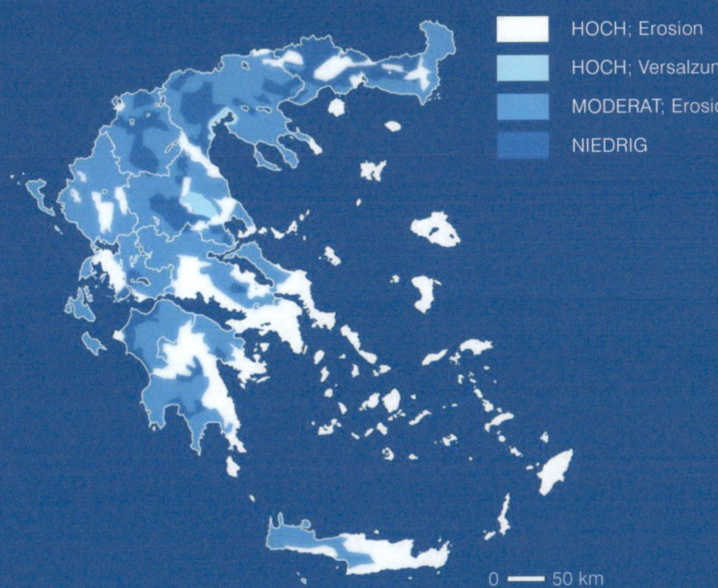

Weite Teile Griechenlands sind von Versteppung und Wüstenbildung bedroht. Die Hauptursachen hierfür liegen in der Erosion der Böden (überwiegend Böden geringer Mächtigkeit) aufgrund hoher Trockenheit (geringe Niederschläge) und Abtragung durch Winde. Nur ein geringer Flächenanteil Griechenlands ist nicht oder kaum von dieser Problematik betroffen. Eine Verschärfung dieser Situation gilt aufgrund des globalen Temperaturanstiegs durch den Klimawandel als wahrscheinlich. Eine Intensivierung der Landbewässerung kann dieser nachteilhaften Entwicklung entgegenwirken.

4) Quelle: European Space Agency (ESA)

stützt nebenbei Maßnahmen zur Unterbindung von Korruption, indem es auf den bereits in die Wege geleiteten Strukturreformen aufbaut und monetäre Prozesse mit Hilfe der europäischen Öffentlichkeit zusätzlich überwacht.

Die Effekte des H2-Energiekonzepts bieten Griechenland theoretisch wie praktisch enormen Anreiz, den anberaumten Umbau des griechischen Staatsapparates zügig umzusetzen.

Das im weiteren Verlauf detailliert erläuterte Konzept für Griechenland und Europa hat im Visier, die ohnehin notwendigen Investitionen in die südliche EU in eine Richtung zu lenken, die einer lebenswerten Zukunft und in erster Linie den Bürgern zugutekommt – den Bürgern Griechenlands ebenso wie den Bürgern des restlichen Europas.

In den nächsten beiden Kapiteln werden jene Stoffe detailliert beschrieben, die die Grundlage des Konzepts bilden, nämlich Wasserstoff (H2) und Synthetisches Erdgas (SNG). Auch die technischen Möglichkeiten deren Herstellung werden erläutert. Dabei kristallisiert sich ein Weg heraus, der bereits heute Stand der Technik ist. Im siebten Kapitel wird schließlich näher auf die Produktion des für die Erzeugung der Gase nötigen Stroms eingegangen. Im achten und entscheidenden Kapitel » Wirtschaftspolitische Weichenstellung und bürgernahe Wertschöpfung « laufen die entscheidenden Fäden zusammen, bis hin zur Berechnung von Gaspreisen und finanziellen Erträgen für jeden Anteilseigner der Energiegenossenschaften des H2EK. Im daran anschließenden, letzten Kapitel werden Ihnen Möglichkeiten vorgeschlagen, die Sie als Leser nutzen können, um das Konzept voranzubringen.

Unterstützt wird dieses Werk im weiteren Verlauf durch die Beiträge zweier Persönlichkeiten, die sich seit vielen Jahren sowohl mit Wasserstoff als auch mit gesellschafts- und energiepolitischen Themen auseinandersetzen.

Wir können ihnen dankbar sein, den geschätzten Herren Arno A. Evers und Oliver Edler.

WINDENERGIEPOTENZIAL »ON-SHORE« UND »OFF-SHORE« IN GRIECHENLAND

WINDGESCHWINDIGKEITEN[8]
[METER PRO SEKUNDE]

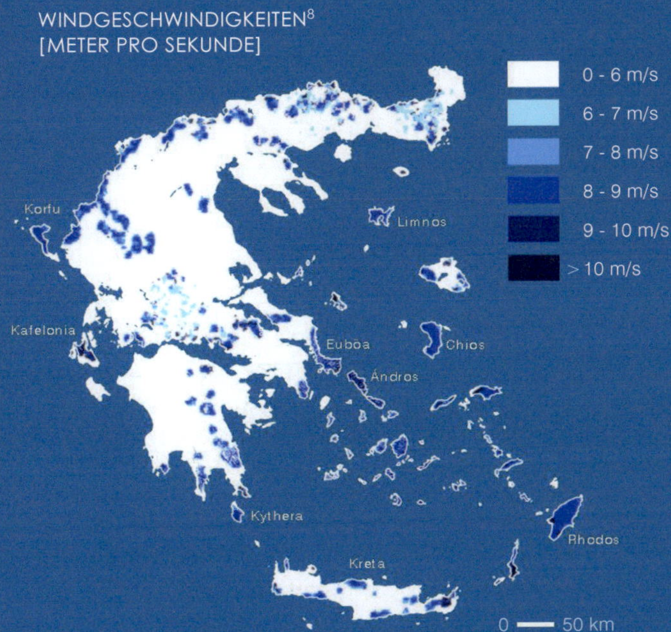

WINDPARKPOTENTIAL »OFF-SHORE«[10]

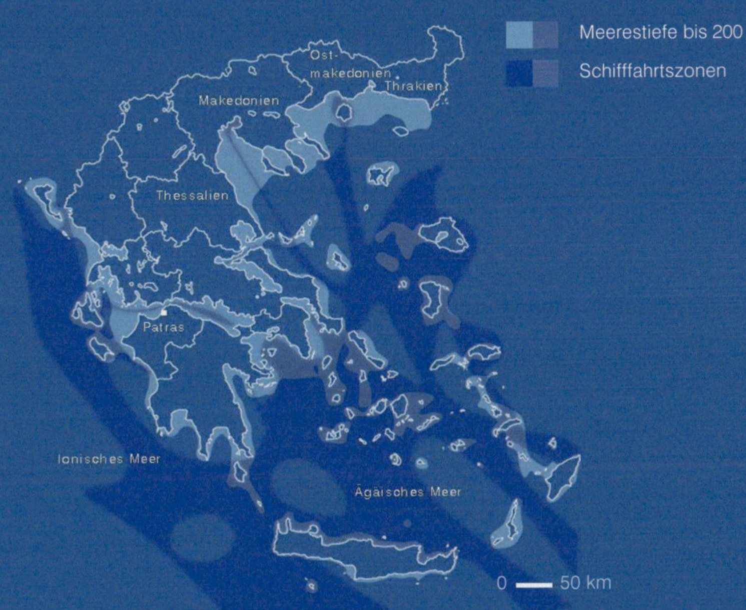

Im ersten Halbjahr 2011 wurden bereits 7,5 Prozent des deutschen Strombedarfs aus Windkraft generiert[5]. In Deutschland liegt die mittlere Windgeschwindigkeit im Binnenland bei drei bis vier und im Küstenbereich bei vier bis sechs Meter pro Sekunde[6]. In Höhenlagen können es zehn Meter pro Sekunde sein[7]. Ähnlich stellt sich die Situation in Griechenland dar, wobei die mittleren Winde großteils bei vier bis sechs Meter pro Sekunde liegen.

5) Quelle: www2.hu-berlin.de
6) Quelle: Bundesverbandes der Energie- und Wasserwirtschaft
7) Quelle: www.Windatlas.dk/europe/landmap.html
8) Quelle: www.ypan.gr + www.eneco.gr

Anders als für Nord- und Ostsee sind für die Meere Griechenlands große Tiefen charakteristisch. Offshore-Windparks nach nordeuropäischem Vorbild sind hier deshalb nur in begrenztem Umfang zu bewerkstelligen, zumal Windparks vom Festland beziehungsweise von Inseln aus nach Möglichkeit nicht wahrgenommen werden sollen (Sichtbarkeit 35 bis 45 Kilometer)[9]. Zudem sind die ausgedehnten Schifffahrtsrouten zu berücksichtigen.

9) Quelle: www.greenpeace-energy.de
10) Quellen: map.openseamap.org; www.marinetraffic.com

5. Wasser: Rohstoff der Gegenwart

Das H2-Energiekonzept für Griechenland und Europa (H2EK) nutzt die kostenlose und im Überfluss vorhandene Ressource Wasser als Rohstoff, um daraus handelsübliches Gas zu produzieren. Gas ist somit das weltmarktfähige und attraktive neue Exportprodukt Griechenlands, und zwar auf internationaler Ebene!
Gas bietet gegenüber Strom eine Reihe von Vorteilen. So entsteht bei seinem Transport nur ein Bruchteil der Verluste, die der Transport von Strom mit sich bringt, und der Gastransport benötigt keine umweltschädlichen Chemikalien. Außerdem befindet sich die Infrastruktur für den Gastransport nach Zentraleuropa mit der durch Griechenland verlaufenden Southstream-Pipeline ohnehin bereits in Entstehung und muss nicht mit mindestens fünf Milliarden Euro neu geplant und gebaut werden. Sofern das Unternehmen Gazprom die Durchleitung griechischen Gases (gegen Nutzungsgebühren) nicht gestattet, böte das » Endstück « der von der EU geförderten Nabucco-Pipeline die geeignete Alternative. Ihr Bau wird zwar mittlerweile aufgrund von Southstream als unwahrscheinlich gesehen, doch könnte sie in Verbindung mit griechischem Gas dafür sorgen, dass die russische Monopolstellung innerhalb des europäischen Gasmarktes auf ein wirtschaftlich gesundes Maß zurückgefahren wird. Zu guter Letzt kann Gas in Technologien eingesetzt werden, die es ermöglichen, Strom am Ort des Verbrauchs zu erzeugen und währenddessen die entstehende Abwärme zu nutzen, um Warmwasser und Heizwärme (Heizwärme ggf. auch für den Betrieb von Klimaanlagen) zu erzeugen, und zwar auf eine Weise, wie das sowohl die deutsche als auch die europäische Politik seit einigen Jahren explizit befürwortet. Gemeint ist die so genannte Kraft-Wärme-Kopplung, beispielsweise durch den Einsatz dezentraler Blockheizkraftwerke (BHKW), oder besser, die Mikro-Kraft-Wärme-Kopplung durch den Einsatz der Gas-Brennstoffzellen-Technologie innerhalb von Einzelhaushalten, die noch deutlich effizienter wirkt als das ohnehin schon recht effiziente Blockheizkraftwerk mit Verbrennungsmotor.
Durch die Kraft-Wärme-Kopplung auf Basis von handelsüblichem Gas können bis zu **95 Prozent des Energiegehalts von Gas** effizient genutzt werden. Im Gegensatz dazu kann selbst das modernste Gasturbinen-Großkraftwerk nur 60 Prozent des Energiegehalts von Gas nutzen, um es – wenn man so will – in Strom umzuwandeln, wobei dieser Strom zusätzlichen, transport- und transformationsbedingten Verlusten unterworfen ist!

H2 Energiekonzept

GRIECHENLAND

TECHNOLOGIE AUFBAU €

KOHLENDIOXID IMPORT €

AC

DC

a

b

c

i

NABUCCO
PIPELINE

g

h

€ Δρ

Wasser
Entsalzung

Wasserstoff
Elektrolyse

Methan
Produktion

MEERWASSER
EINSPEISUNG

d

e

f

GAS
EXPORT

Kochsalz

Sauerstoff

Trinkwasser

Δρ € Δρ € Δρ € Δρ € Δρ € Δρ € Δρ € Δρ € Δρ € Δρ € Δρ € Δρ € Δρ € Δρ € Δρ € Δρ € Δρ € Δρ € Δρ € Δρ € Δρ € Δρ

Die entscheidenden Komponenten des H2EK-Griechenland sind **(a)** Sonnenwärmekraftwerke zur Stromerzeugung sowie in direkter Nähe Anlagen für die Gasproduktion **(d - f)**. Das Gas kann sowohl im eigenen Land genutz **(g, i)** als auch exportiert werden **(**z.B. via Pipelines; **h)**. Die Nutzung des Gases ist mit der Strom- und Wärmeerzeugenden Kraft-Wärme-Kopplung am effizientesten **(i**; siehe S. 51**)**. So können in Gebäuden mindestens **55 Prozent der regenerativen Energie** effektiv genutzt werden (ca. 60 % Effizienz der Gasproduktion x 90 % Gas-Blockheizkraftwerk [z.B. www.bluegen.info]). **Bei der Verwendung von Wasserstoff anstelle von SNG sind dies unter Verwendung neuerer Elektrolyseverfahren (e**; siehe S. 73**) über 90 Prozent** (Elektrolyse > 95 % x 95 % Wasserstoff-Blockheizkraftwerk [z.B. Baxi Innotech GmbH]). Die Wertschöpfung – ob mit Euro oder Drachme ist unerheblich – kommt dabei den Bürgern zugute.

AC : Wechselstrom (alt) | DC : Gleichstrom

So kommen wir zur Frage, wie Wasser in Gas umgewandelt werden kann.

ALLER GUTEN DINGE SIND LEDIGLICH DREI

Drei einfache Bausteine sind für die Gasproduktion des H2EK erforderlich. An erster Stelle muss das Meerwasser einer Entsalzung unterzogen werden, an zweiter Stelle muss das entsalzte Wasser durch regenerativ erzeugten Strom vor Ort in seine Bestandteile Wasserstoff und Sauerstoff zerlegt werden und an dritter Stelle muss der Wasserstoff durch die Zugabe von Kohlendioxid (CO2) in handelsübliches Gas umgewandelt werden. Bei diesem Gas handelt es sich trotz identischer Eigenschaften logischerweise nicht um klassisches Erdgas, sondern um so genanntes synthetisches Erdgas, kurz als SNG bezeichnet.
Einer der großen Vorteile dieses Verfahrens ist die Tatsache, dass dabei an keiner Stelle umweltschädliche Substanzen entstehen, denn die Nebenprodukte sind lediglich Salz, Sauerstoff und Wasser! Außerdem wird aus dem klimaschädlichen Abfallprodukt CO2 ein begehrter Rohstoff, da dieser benötigt wird, um Wasserstoff in handelsübliches Gas umzuwandeln. **Indem also Kohlendioxid im synthetisch hergestellten Gas gebunden wird, und dieses Gas fossiles Erdgas sukzessive ersetzt, kann der CO2-Ausstoß in die Erdatmosphäre Schritt für Schritt reduziert werden.** Zudem kann diesem Gas das vorläufige Zwischenprodukt Wasserstoff beigemischt werden, wodurch dessen Verbrennungsprozess unter deutlich reduziertem Schadstoffausstoß abläuft, und zu guter Letzt kann Wasserstoff als nach wie vor umweltfreundlichster Energieträger das Gas langfristig ablösen, wofür das H2EK nun den von vielen Fachleuten lang ersehnten Grundstein legt.

Wasserstoff verbrennt zu Wasser: $\mathbf{H_2 + O \rightarrow H_2O + e}$

WASSERSTOFF WIRD MISSVERSTANDEN

Die öffentliche Wahrnehmung von Wasserstoff ist aufgrund von Halbwissen und bestimmter Vorurteile zwiegespalten. Häufig sind Stereotypen wie Wasserstoffbombe, Radioaktivität, Hindenburg-Unglück, Challenger-Katastrophe, Knallgasreaktion (aus dem Chemieunterricht), Gefahr und Zerstörung zu vernehmen. Die Wahrnehmung tendiert bei vielen in Richtung von » technisch nicht beherrschbar « .

Tatsächlich ist Wasserstoff für den Menschen jedoch ebenso ungiftig wie für die Umwelt und entgegen der Meinung vieler ist er eben nicht radioaktiv (zumindest so lange nicht, als beispielsweise das ihm zugrunde liegende Wasser frei von Radioaktivität ist)! Wie Erdgas so ist auch Wasserstoff lediglich brennbar und unter bestimmten Voraussetzungen explosiv, und das auch nur dann, wenn Sauerstoff

BAUSTEINE DER **GASPRODUKTION**

Mit drei Produktionskomponenten wird aus Salzwasser handelsübliches Gas. Wie auch Erdgas, so beinhaltet das hier produzierte Gas nicht allein Methan, doch ist Methan der Hauptbestandteil (CH4). Da es sich bei diesem Produkt trotz identischer Eigenschaften nicht um Erdgas handelt, wird es als **Synthetisches Erdgas** bezeichnet (**SNG = Synthetic Natural Gas**). Die Grafik zeigt, wie viel Gas aus 1.000 Liter Salzwasser hergestellt und wie viel Energie hierfür benötigt wird. Für die Elektrolyse wird dabei ein Wirkungsgrad von 80 Prozent angenommen, welcher heute bei serienreifen Großelektrolyseuren Standard ist (z.B. von Enertrag AG). Der Gesamtwirkungsgrad der Gasproduktion beträgt dadurch rund 60 Prozent. Unter Verwendung neuerer Elektrolyseverfahren (siehe S. 69 – 73) kann die SNG-Produktion um mehr als 15 Prozent gesteigert werden. Das Besondere am Prozessbaustein der Methanisierung ist, dass dabei Energie entsteht (Exotherme Reaktion). Der geringe Energieeinsatz von maximal einer Kilowattstunde ist hierbei lediglich für den jeweiligen Prozessstart erforderlich. Genaueres erfahren Sie im Kapitel 6 » Wasserstoff und Synthetisches Erdgas: Die Herstellung « . Die angegebenen Zahlen gewähren einen Einblick in die Mengenverhältnisse. Geringe Abweichungen sind möglich.

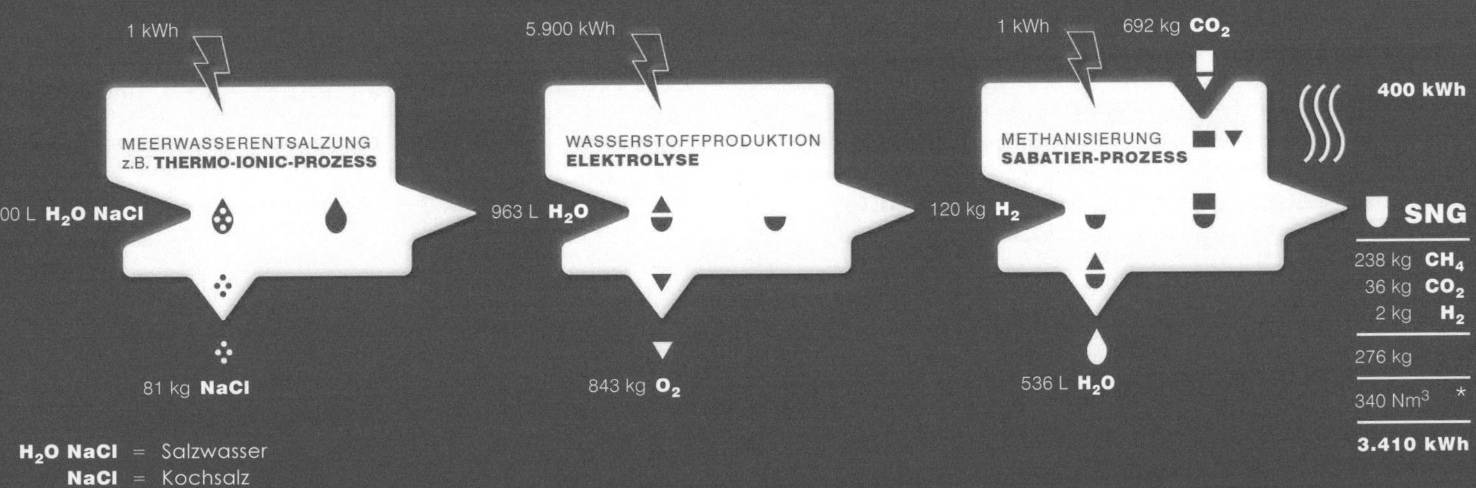

H_2O NaCl = Salzwasser
NaCl = Kochsalz
H_2O = Süßwasser
H_2 = Wasserstoff
O_2 = Sauerstoff
CO_2 = Kohlendioxid
CH_4 = Methan

***** = Normkubikmeter (Nm³) | 1 Kubikmeter bei Standardbedingungen = Normaler Atmosphärendruck von 1 Bar bei 15 Grad Celsius
kWh = Kilowattstunde

vorhanden ist und er bei einer Temperatur von rund 460 Grad Celsius entzündet wird. Wasserstoff gilt als umweltfreundlichster aller Energieträger, da bei seiner Verbrennung weder Kohlendioxid noch Kohlenmonoxid und auch kein Schwefel oder sonstiges Umweltgift oder Treibhausgas entsteht.

Die einzigen Produkte, die bei der Verbrennung beziehungsweise bei der Oxidation von Wasserstoff entstehen, sind Wasser und Energie!

Wasserstoff (H2) steht uns in unbegrenztem Maße zur Verfügung, denn er ist das häufigste Element im Universum. Auf der Erde kommt Wasserstoff naturgemäß fast ausschließlich in gebundener Form vor, und zwar zum überwiegenden Teil gebunden in Wasser (H2O) und pflanzlicher Biomasse.
Schon heute kann Wasserstoff als hocheffizienter Kraftstoff genutzt werden, was teilweise auch geschieht.
Statt Erdöl, Erdgas, Kohle und Uran zu verwenden, um unsere Energieversorgung zu gewährleisten, können wir also theoretisch auf ein Element zurückgreifen, das sogar im pflanzlichen Prozess der Photosynthese eine tragende Rolle spielt und das der Brennstoff im lebensspendenden Zentrum unseres Sonnensystems ist, nämlich Wasserstoff.

Warum wird Wasserstoff dann nicht bereits heute in großem Maßstab genutzt?

Erstens, weil die Auseinandersetzung mit Wasserstoff bislang nicht ausreichend im öffentlichen Bewusstsein angekommen ist, und zweitens weil die einschlägigen Technologien, um Wasserstoff zu nutzen, erst im Laufe des 20. Jahrhunderts entwickelt wurden. Wenige Jahrzehnte zuvor hatten sich aber bereits andere, bis heute sehr lukrative Systeme etablieren können, die deren Betreibern nach wie vor jenen Profit einspielen, den sie benötigen, um ihre Vormachtstellung zu verteidigen. Teil der entsprechenden Verteidigungsstrategien war lange Zeit die Behauptung, dass es technisch nicht möglich sei, Wasserstoff in großem Maßstab zu nutzen. Und tatsächlich: Erst in den letzten zehn bis 20 Jahren ist es den entsprechenden Unternehmen und Institutionen gelungen, bestimmte Probleme vollständig in den Griff zu bekommen und fundierte Studien erfolgreich abzuschließen.

TECHNISCHE VORAUSSETZUNGEN SIND ERFÜLLT

Vergleicht man Wasserstoff mit handelsüblichem Erdgas, so hat Wasserstoff einen rund dreimal höheren **gewichtsbezogenen Energiegehalt**. Bei gleichem Raumvolumen und unter gleichem Druck allerdings hat Erdgas einen dreimal höheren Energiegehalt als Wasserstoff. Daraus folgt, dass Wasserstoff unter drei Mal höherem Druck stehen muss, um den gleichen **volumenbezogenen Energiegehalt** zu haben wie Erd-

GÄNGIGE BLOCKHEIZKRAFTWERKE (BHKW) FÜR DIE DEZENTRALE KRAFT-WÄRME-KOPPLUNG (KWK)

BHKW MIT VERBRENNUNGSMOTOR

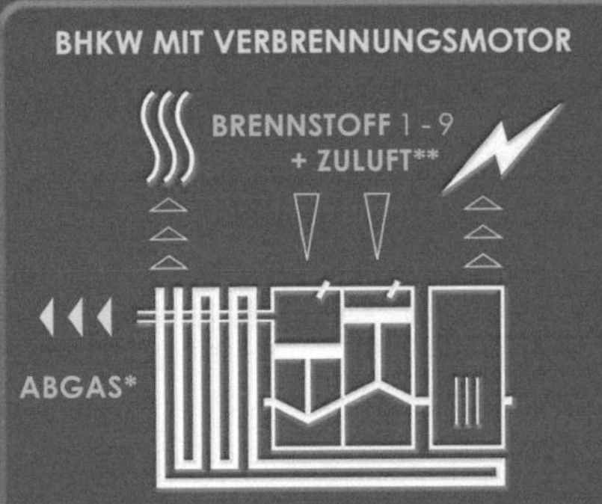

Innere Verbrennung (Explosion) • Effizienz < 90 % • wartungsintensiv • weit verbreitet • meist in Mehrfamilienhäusern

BHKW MIT STERLINGMOTOR

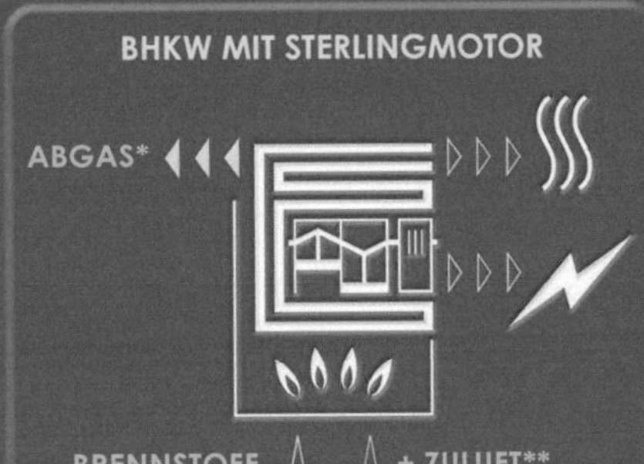

Äußere Verbrennung • Effizienz > 90 % • wartungsarm • Kraftstoff flexibel wählbar • meist in Einzelhaushalten

BHKW MIT GASTURBINE

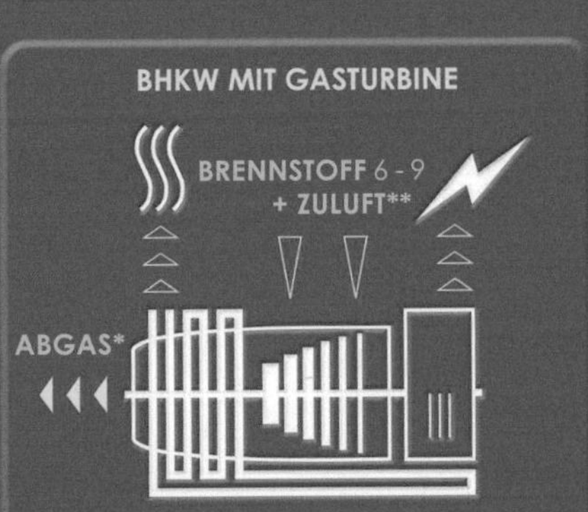

Innere Verbrennung (Verdichtung) • Effizienz ca. 90 % • auch geeignet für Wohnblocks und Kleinsiedlungen

BHKW MIT BRENNSTOFFZELLE

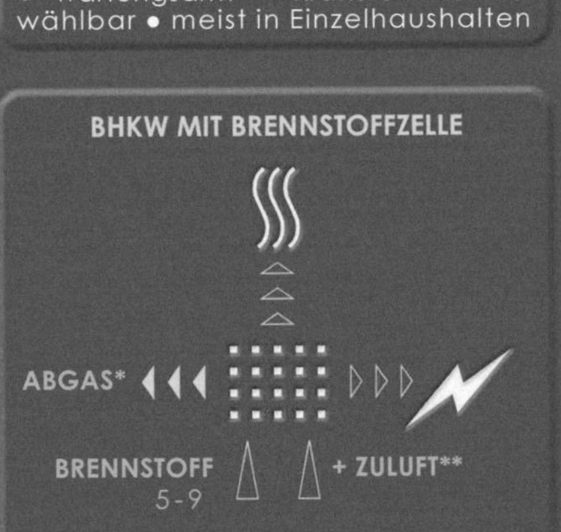

Elektrochemische Energieumwandlung • Effizienz > 95 % • wartungsfrei • lautlos • größenmäßig flexibel

Die dezentrale Kraft-Wärme-Kopplung ist die effizienteste Art der Energienutzung. Der Vorteil besteht darin, dass die bei der Stromerzeugung entstehende Wärme an Ort und Stelle mitgenutzt wird und zwar zur Erzeugung von Warmwasser und Heizwärme. Das hierfür erforderliche Gerät heißt Blockheizkraftwerk, das heute über mehrere Technologien betrieben werden kann (siehe Grafik). Je nachdem, ob Strom oder Wärme beim Energiebedarf die Hauptrolle spielt, kommen hier unterschiedliche Betriebsarten in Frage: A.) Wärmegeführtes; B.) Stromgeführtes BHKW. Beide Varianten sind als Inselanlagen möglich (keine Anbindung an das öffentliche Stromnetz erforderlich). Das Netzgeführte BHKW (Variante C.) hingegen wird von einer Betreiberfirma zentral gesteuert und speist immer dann Strom in das öffentliche Netz ein, wenn dieser benötigt wird (sog. » Schwarmstrom « ; z.B. » Zuhausekraftwerk « der Firma Lichtblick). Bei all diesen Varianten ersetzen viele kleine Blockheizkraftwerke wenige ineffiziente Großkraftwerke. Auch Variante C führt dabei in die richtige Richtung (Energieeffizienz), doch Energie- und Kostenunabhängigkeit sind hier für den Kunden nicht zu erwarten. **P.S.: Wo nötig, kann die durch BHKWs erzeugte Abwärme für den Betrieb von Klimaanlagen genutzt werden!**

• 1. Heizöl • 2. Diesel • 3. Benzin • 4. Ethanol • 5. Methanol (hochgiftig) • 6. Erdgas • **7. SNG** • **8. Wasserstoff** • 9. Oxyhydrogen *** • 10. Pellets

* Bei Wasserstoff und Oxyhydrogen als Brennstoff anstatt Abgas: Wasserdampf | ** Keine Zuluft nötig: Oxyhydrogen | *** Nicht in Serie: Tests erfolgreich

gas. Unter anderem hieraus ergab sich lange Zeit das Problem, dass Wasserstoff im Gegensatz zum Erdgas ab einem bestimmten Druck die Festigkeit von Stahl in Mitleidenschaft zieht, was H2-Versprödung genannt wird und zu Undichtigkeiten und Explosionsgefahr führt. Doch dieses Problem wurde – vereinfacht ausgedrückt – gelöst, indem bestimmte, hochfeste Kunststoffe als Material für Wasserstoff-Druckbehälter Verwendung fanden. Eine ganze Reihe von Wasserstofftankstellen (die bereits heute in nahezu allen Industrieländern existieren, zum Teil neu entstehen, aber zum Teil auch sang- und klanglos verschwinden) zeigt zudem, dass auch die Technologie zur Betankung dieser neuartigen Druckbehälter funktioniert. Außerdem gibt es heute auch andere Speichermethoden wie beispielsweise Wasserstoff-Hybrid-Speicher, die ohne jeden Druck auskommen. Damit stellt es also kein technisches Problem mehr dar, Wasserstoff effizient und sicher zu lagern und zu tanken. Daneben existiert jedoch bis heute die Frage, inwieweit vorhandene Ergasleitungen geeignet sind, um Wasserstoff durchzuleiten beziehungsweise zu speichern. Bezüglich des Transports von Wasserstoff in geeigneten Leitungssystemen wurde im Jahr 2009 eine **durch die Europäische Union finanzierte Studie** (***www.naturalhy.net***) abgeschlossen, die unter anderem folgende Ergebnisse zutage förderte: Das bestehende Erdgasnetz, das beispielsweise in Deutschland nahezu flächendeckend vorhanden und damit sehr gut entwickelt und ausgebaut ist, kann mit einem Wasserstoffanteil von 50 Prozent befüllt werden, ohne dass sich dies negativ auf die Leitungen auswirkt. Das so entstehende Gemisch aus handelsüblichem Gas und Wasserstoff ist – bei geringfügigen Modifikationen an den entsprechenden Endgeräten – für herkömmliche Gasbrenner von Heizanlagen in Gebäuden ebenso geeignet wie für die Tanks von Fahrzeugen. Doch selbst heute gibt es noch gesetzlich verankerte Zweifel am 50-prozentigen Wasserstoffanteil im Gasnetz, die sich vermutlich aus Gründen etablierter Machtstrukturen nur schwer berichtigen lassen.

AUS DER GESCHICHTE LERNEN

Dass es möglich ist, ein Gasgemisch mit 50-prozentigem Wasserstoffanteil innerhalb unserer Gasinfrastruktur problemlos zu verwenden, zeigt auch der Gebrauch des so genannten Kokereigases, das beispielsweise in West-Berlin bis 1996 flächendeckend genutzt wurde. Kokereigas – auch **Stadtgas** genannt – beinhaltet neben rund 21 Prozent Methan, 15 Prozent Stickstoff und neun Prozent hochgiftigen Kohlenmonoxids auch **50 Prozent Wasserstoff**. Es war von der Mitte des 19. Jahrhunderts bis in die zweite Hälfte des 20. Jahrhunderts in Deutschland ein weithin üblicher Brennstoff, der zumeist in städtischer Regie durch Kohlevergasung hergestellt und allmählich durch Erdgas ersetzt wurde. Stadtgas diente dazu, Straßen und Wohnungen zu beleuchten und dort auch Gasherde und Gasdurchlauferhitzer zu betreiben.

Arno A. Evers: » Der Witz ist, es war im Prinzip alles schon mal da. Die Wasserstoffexperten aus aller Welt hatten vor 40 Jahren, auf der ersten internationalen Wasserstoffkonferenz … 1974 im Prinzip all das schon fertig, worüber heute noch groß diskutiert wird. Und da hört für mich dann irgendwann der Spaß auf, weil da muss man sich natürlich fragen, wieso um Himmels Willen wird das nicht schon lange angewandt, wenn die das schon vor 40 Jahren hatten? Also der Kick ist in meinen Augen, nachdem ich ja nun schon mehr als 17 Jahre darüber nachdenke, und zwar Vollzeit, dass das ganze Wasserstoffthema mittlerweile hart an der Glaubwürdigkeitsgrenze läuft. Und dass sich erwachsene Leute über so lange Zeiträume mit so etwas beschäftigen können, ist eigentlich schwer zu verkraften, wenn man das zu Ende denkt… Auf der Hannover Messe 2003 hatte General Motors schon … eine fertige Stromversorgung für Krankenhäuser – auf Wasserstoffbasis. Das hat nur irgendwie niemand bemerkt! Frau Dr. Sabine Tramm-Werner von der Firma Technische Mikrobiologie (Spin-Off der RWTH Aachen) präsentierte bereits auf der ersten Hannover Messe 1995 Purpur-Bakterien, die Wasserstoff produzierten – ein Meilenstein, von großer Bedeutung und voll funktionsfähig, doch von Kollegen belächelt. Später hat Frau Tramm-Werner dann aufgegeben, weil sie es leid war, vor unfähigen Männern ihre Konzepte zu erläutern. Diese verstanden nichts von ihren Vorschlägen und wollten es auch nicht verstehen. Auf der Messe in Hannover waren von Anfang an dabei auch Firmen wie BMW, Linde und Siemens. Diese haben bis heute nicht annähernd das aus ihrem Know-how gemacht, was man erwarten sollte… Unternehmen wie die amerikanische Chevron Texaco hatten schon auf der Hannover Messe 2001 kleine Wasserstoff-Kartuschen-Speicher für Tankstellen vorgestellt. Und dann wundere ich mich a.) haben die Leute kein Gedächtnis, b.) wollen die es gar nicht wissen oder c.) rennen die nur jeder neuen S… hinterher, die durchs Dorf getrieben wird? Wahrscheinlich eine Mischung aus allem. Und dann kommt noch die aktuelle Reizüberflutung hinzu. Information Overkill. An dieser Stelle frage ich mich, warum tun sich die so schwer und warum wird nach wie vor ein Großteil der Forschungsmittel für fossile Energien ausgegeben und nur ein Bruchteil für Wasserstoff- und Brennstoffzellenforschung? «

Ehrnsberger: » Wenn man jetzt als Beispiel Wasserstoffflugzeuge nimmt, wo liegen da die Probleme? «

Arno A. Evers: » Die Probleme existieren nur in den Köpfen, nicht in der Technik! Wasserstoffflugzeuge hatten unsere Aussteller Airbus und Tupolew schon … 1995 gezeigt. Da kann ich wirklich nur schallend drüber lachen! Und die Politik ist da völlig hilflos. Die kennen ja nicht einmal den Unterschied zwischen einer Brennstoffzelle und Wasserstoff. Oft wurde ich von Politikern … gefragt: » Herr Evers, Sie sind der Fachmann, was kommt zuerst? Der Wasserstoff oder die Brennstoffzelle? « Was sollte ich darauf antworten? Die Politik ist nicht der richtige Feind. Auf der Messe 1995 waren der Chefkonstrukteur des russischen Flugzeugbauers Tupolew, Prof. Alexander Shengardt, und der Entwicklungskoordinator Luftfahrt der damaligen Daimler Benz Aerospace AG, Dr. Dieter Volk. Russische Flugzeuge sind schon mit Wasserstoff und übrigens auch mit Erdgas geflogen und zwar große Passagier-Jets, wie die Tupolew Tu 155 und zwar In den 1980er Jahren! Und der Vorwurf, den ich all denen mache ist, dass immer noch mit den gleichen Argumenten gearbeitet wird, die schon in den 1970er Jahren genutzt wurden: In jedem Vortrag oder Konzept oder Forschungsantrag ist nach wie vor von » Ölfördermaximum «, » CO2-Ausstoß « und » Erderwärmung « die Rede. Trotzdem wurde seitdem nichts wirklich effektiv umgesetzt. Das heißt entweder, diese Argumente stimmen nicht, oder sie sind nicht tragfähig genug. Also müssen wir andere Argumente und Gründe suchen, wenn wir wirklich für eine Einführung der Wasserstoffgesellschaft sein wollen! «

Es wurde zunehmend über heute noch gebräuchliche Gasleitungen transportiert – durch jene Leitungen, die heute laut Gesetz nur fünf Prozent Wasserstoff befördern dürfen.
Dass es der deutschen Firma Enertrag trotz der technischen Beherrschbarkeit des Gases erst nach über einem halben Jahr erfolgreicher Laufzeit des im Oktober 2011 fertig gestellten Prenzlauer Wind-Wasserstoff-Hybridkraftwerks gewährt wurde, den produzierten Wasserstoff ins Gasnetz einzuspeisen oder anderweitig kommerziell zu vermarkten, lässt hinsichtlich einer möglichen Monopolstellung etablierter, auf Erdgas, Erdöl, Kohle und Uran basierender Energiekonzerne tief blicken. Dass dieser Skandal nicht in der Öffentlichkeit thematisiert wird, ist dabei nicht ganz verständlich. Bleibt zu hoffen, dass der eher kleine, aber recht innovative und zukunftsorientierte Energieversorger Enertrag bei seinen Vorhaben durchhält.
Unterstützung hat Enertrag von Greenpeace zu erwarten. Greenpeace betreibt seit 1999 die Greenpeace Energy, ein Unternehmen, das für 100 Prozent erneuerbare Energien steht. Mit Slogans wie » Erdgas ist die Brücke – Windgas die Zukunft. « und » Wir machen erneuerbares Gas: aus Wind und Wasser. « wirbt das Unternehmen für das Geschäftsmodell proWindgas, das heute jedem deutschen Gaskunden zur Verfügung steht. In ihrer aktuellen Broschüre wird das vorhandene Gasnetz zum Speicher für Ökostrom erklärt: » Wind und Sonne richten sich nicht nach dem Stromverbrauch und das Netz kann sie nicht speichern. Große Mengen wertvoller Ökoenergie bleiben deshalb oft ungenutzt. Genau hier setzt Windgas ein. Windstrom spaltet durch ein Elektrolyseverfahren Wasser in seine Bestandteile: Sauerstoff und Wasserstoff. Der Sauerstoff geht in die Atmosphäre, der Wasserstoff kann einfach ins reguläre Gasnetz eingespeist werden. Das so entstehende Gas kommt dann über die normale Gasleitung in die Haushalte und kann wie gewohnt zum Heizen und Kochen verwendet werden. Vorhandene Geräte können einfach weiterbenutzt werden. « Eine Antwort auf die Frage, wie viel Windgas Greenpeace bislang tatsächlich verkaufen konnte, liegt mittlerweile vor:
» Sehr geehrter Herr Ehrnsberger, vielen Dank für Ihre Anfrage vom 01.03.2012. Gerne geben wir zu Ihren Fragen Auskunft: **Wo wird Ihr Windgas hergestellt?** Greenpeace Energy hat im Moment noch keine eigene Erzeugungsanlage für die Produktion von Windgas. Es ist unser Ziel, so schnell wie möglich einen eigenen Elektrolyseur, also eine Erzeugungsanlage für Wasserstoff zu errichten. Die Planungen dazu finden bei unserem Tochterunternehmen Planet Energy GmbH statt, das zu 100 % der Genossenschaft Greenpeace Energy gehört und explizit für Planung, Bau, Finanzierung und Betrieb von Erzeugungsanlagen für regenerative Energien bereits im Jahr 2001 von uns gegründet wurde. Aussagen zum zukünftigen Standort unseres Elektrolyseurs können wir zum gegenwärtigen Zeitpunkt noch nicht treffen. Unabhängig von den Planungen einer eigenen Erzeugungsanlage wollen wir so schnell wie möglich mit der Einspeisung von Wasserstoff beginnen. Dazu hat Greenpeace Ener-

gy im Januar 2012 einen Abnahmevertrag mit der Firma Enertrag unterzeichnet. Das Windenergie-Unternehmen Enertrag betreibt nördlich von Prenzlau (Brandenburg) eine Pilotanlage, die Wasser elektrolytisch in Wasserstoff und Sauerstoff aufspaltet. Einen Teil des dort entstandenen Wasserstoffs – das Windgas – wird Greenpeace Energy zur Versorgung seiner aktuell 6.000 Gaskunden verwenden, sobald der Anschluss ans Gasnetz hergestellt ist. Dies soll nach aktuellem Planungsstand im vierten Quartal dieses Jahres erfolgen. **Wie viel Windgas stellten Sie bislang her?** Greenpeace Energy hat bisher noch kein eigenes Windgas produziert. Die Produktion von Windgas aus einer eigenen Erzeugungsanlage wird von uns für die kommenden Jahre angestrebt. Mit der Einspeisung von Windgas, das wir aus fremden Anlagen beziehen, wollen wir noch in diesem Jahr beginnen. «

E-Mail von Herrn Johannes Heidkamp (Enertrag) vom 29. April 2012 auf eine Anfrage vom 4. Februar 2012:

» Sehr geehrter Herr Ehrnsberger, unser Hybridkraftwerk ist voll im Betrieb. Seit dem 18.4. wird regelmäßig Wasserstoff pünktlich geliefert... «

VORHANDENE INFRASTRUKTUR: NUTZBAR + AUSBAUFÄHIG

Seit geraumer Zeit ist also klar, dass die umfassende Nutzung von Wasserstoff in unserer Gesellschaft kein technisches, sondern ein politisches Problem darstellt, was hinsichtlich der CO2-Problematik und der steigenden Energiekosten – erst recht in einer Demokratie – als untragbar zu bewerten ist. Damit ist es umso wichtiger, bei der umfassenden Nutzung von Wasserstoff einen Anfang zu machen. Würden die Forschungsergebnisse der EU-Studie von naturalhy.net in der aktuellen Gesetzgebung Deutschlands berücksichtigt, so wäre das ein Anfang. Der zweite Schritt hin zur umfassenden Verwendung von Wasserstoff wäre, eine Frist zu setzen, innerhalb der die heute verwendeten Gas-Endgeräte (Gasheizung, Gasherd etc.) vom örtlichen Kaminkehrer, der aufgrund seines Prüfauftrags ohnehin regelmäßig erscheint, den geringfügigen technischen Modifikationen unterzogen werden – falls tatsächlich notwendig. Nach Ablauf dieser Frist könnte mit der bis zu 50-prozentigen Einspeisung von Wasserstoff in das Gasnetz begonnen werden. So könnten die heutigen Gas-Endgeräte erst einmal weiter Verwendung finden. Für den Gas-Endkunden würde es sich von nun an jedoch lohnen, vor den herkömmlichen Gasbrenner der im Keller stehenden Heizanlage ein Brennstoffzellen-Heizgerät installieren zu lassen, das den Wasserstoffanteil aus dem Gasgemisch in Wärme und Strom verwandelt! Nur der Rest des Gemischs (in erster Linie Methan) gelangt in den vorhandenen (verhältnismäßig ineffizienten) Gasbrenner.

Die Preise für derartige Brennstoffzellen-Heizgeräte (bereits heute auf dem Mark erhältlich; z.B. Baxi Innotech GmbH) wären auf diese Weise schnell auf einem erschwinglichen Niveau, und die entsprechenden Technologien würden aufgrund von Wettbewerbseffekten zwischen den Herstellern weiter an Effizienz gewinnen.

An die politischen Entscheidungsträger: Die Hersteller von Brennstoffzellen befinden sich in Warteposition.

SANFTE ENERGIEWENDE DANK GRIECHENLAND

Mit der Verwirklichung des H2-Energiekonzepts für Griechenland und Europa würde im Sinne der umfassenden Nutzung von Wasserstoff und der schrittweisen Abschaffung fossiler Energieträger ein Meilenstein gesetzt, denn durch das H2EK wird Wasserstoff erstens in großem Maßstab produziert und zweitens ist dieser Wasserstoff durch seine Umwandlung in handelsübliches Gas sofort nutzbar.

Der Erklärung 0016/2007 des Europäischen Parlaments zur » Schaffung einer Wasserstoffwirtschaft ... « würde damit eindeutig Rechnung getragen. In dieser Erklärung ist von einer dritten industriellen Revolution die Rede! (*http://goo.gl/Bbwvb*)

Das H2-Energiekonzept ermöglicht also einen sanften, den langsamen Wegfall fossiler Energieträger begleitenden Übergang von heutiger zu zukünftiger Technologie (Wasserstofftechnologie, Brennstoffzellentechnologie etc.) unter zwischenzeitlicher Verwendung eines heute überall genutzten Energieträgers, nämlich Gas. Vorhandene Gasnetze, vorhandene Gasheizungen und vorhandene Gas-Kraftfahrzeuge können damit bereits heute auf Basis der Weiterverarbeitung von Wasserstoff zu Synthetischem Erdgas (SNG) und – sofern der Gesetzgeber will – auch auf Basis der zusätzlichen Einspeisung von Wasserstoff in unsere Gasnetze auf einen Anteil von rund 50 Prozent nahezu unverändert weiterbetrieben werden, und zwar so lange, bis diese nach und nach durch Geräte und gegebenenfalls auch durch Leitungen ersetzt werden, die 100 Prozent Wasserstoff aufnehmen und verwenden können.

Grundlegend muss hierzu nochmals in Erinnerung gerufen werden, dass es bei der griechischen Gasproduktion in erster Linie darum geht, dem Land **ein international und langfristig gefragtes Exportprodukt** an die Hand zu geben und nur an zweiter Stelle darum, griechischen Wind- oder Sonnenstrom zwischenzuspeichern. Primäres Ziel ist also nicht, so schnell wie möglich die griechischen Kohle- und Schwerölkraftwerke zu ersetzen, sondern, dem Land einen umfassenden wirtschaftlichen Aufschwung zu ermöglichen! Hinsichtlich der Verbesserung der griechischen Handelsbilanz ist davon auszugehen, dass Griechenland im Laufe der Zeit automatisch vermehrt auf das selbst produzierte Gas zurückgreifen wird. Gleichzeitig wird die Technologie zur Zwischenspeicherung von Wind- und Sonnenstrom in Gas aufgrund der beschleunigten technologischen Reifung entsprechender Möglichkeiten weltweit beflügelt.

Arno A. Evers: » » ... » Peak Oil ist jetzt! « Die weltweite Erdölförderung hat mit großer Wahrscheinlichkeit das Maximum bereits überschritten. Bis zum Jahr 2030 könnte sie auf die Hälfte sinken. Aufgrund des steigenden Eigenverbrauchs der Erdöl-Förderländer wird sich das Angebot auf dem Weltmarkt zusätzlich verknappen. Für Deutschland könnte die Folge sein, dass das Land im Jahr 2030 kein Öl mehr importieren kann... « , so Dr. Werner Zittel von der Ludwig-Bölkow-Systemtechnik GmbH ... in einem Pressestatement im Mai 2008... Die erste und folgenreichste Ölkrise begann im Herbst 1973, als die Organisation erdölexportierender Länder (OPEG) bewusst die Fördermengen um etwa fünf Prozent drosselte. Am 17. Oktober 1973 stieg der Ölpreis um circa 70 Prozent von rund drei US–Dollar pro Barrel auf über fünf US-Dollar an. Dies löste in den damaligen Industrieländern ... Rezessionen aus. Im Verlauf der nächsten Jahre stieg der Ölpreis dann auf über zwölf US–Dollar pro Barrel... Die damalige Drosselung der Fördermenge war Kalkül. Sie diente den OPEC–Staaten als Druckmittel, die mit der Politik einiger erdölimportierender Staaten betreffend dem Yom Kippur Krieg (6.10. bis 24.10.1973) nicht einverstanden waren. Am Öl-Embargo nahmen damals Algerien, Iran, Irak, Kuwait, Libyen, Qatar, Saudi Arabien und die Vereinigten Arabischen Emirate teil. Ist diese Situation mit der aktuellen Lage im nahen und mittleren Osten vergleichbar? ... Seit etwa 2005 wird über die Möglichkeit einer weiteren globalen Ölkrise diskutiert, die durch die steigende weltweite Nachfrage an Öl (z.B. in Indien und China) und das sinkende Angebot aufgrund des bevorstehenden globalen Ölfördermaximums verursacht werden könnte. Allerdings kann das Ölfördermaximum (aufgrund der schwierigen Datenlage) erst einige Jahre nach dessen Eintreten zweifelsfrei datiert werden! Die Frage ist hier: Was kommt danach, um den Energiebedarf von bald acht Milliarden Erdbewohnern zu befrieden? Im weltweiten Brutto–Energiemix von 2008 hatte Öl einen Anteil von etwa 35 Prozent ... (Kohle: 25 Prozent; Gas: 21 Prozent; Abfall, Holz etc.: 10 Prozent; Kernenergie: 6,3 Prozent; Wasserkraft: 2,2 Prozent; Geothermie, Solar etc.: 0,5 Prozent). Wodurch sollen diese Primärenergien kurz-, mittel- und langfristig ersetzt oder ergänzt werden? ... Diese Frage stellt man sich seit Mitte der siebziger Jahre, als ... die » International Association for Hydrogen Energy « von Prof. T. Nejat Veziroglu in Coral Gables, Florida, USA gegründet wurde. Die erste internationale Konferenz zum Thema fand vom 18. bis 20. März 1974 in Miami Beach, Florida, USA, statt (The Hydrogen Economy Miami Energy Conference, kurz THEME Conference). Hier, am Nachmittag des zweiten Konferenztages, tat sich eine kleine Gruppe zusammen, die später die » Hydrogen Romantics « genannt wurde. Dies war die » Keimzelle « der internationalen Wasserstoffbewegung, die heute noch aktiv ist. Viel ist seitdem geschehen, große Erwartungen wurden geweckt, nur: Der industrielle Durchbruch bei Wasserstoff als Energieträger und Brennstoffzellen als Energiewandler ist bis heute global ausgeblieben! ... Warum? ... Der Umsatz der Exxon Mobile Corporation betrug in den ersten neun Monaten des Jahres 2008 rund 393 Milliarden US-Dollar. Der daraus erzielte Nettogewinn betrug in dieser Zeit 37,4 Milliarden US-Dollar... **«** (Starnberg, 13. Januar 2009)

6. Wasserstoff und Synthetisches Erdgas: Die Herstellung

So gut wie alle Wasserstoff- (Versuchs- und Pilot-) Projekte der Vergangenheit und der Gegenwart nutzten und nutzen interessanterweise Wasserstoff, der aus fossilen Energieträgern gewonnen wird. Die plakativen Aufschriften » 100% Steam, 100% Clean « (100 Prozent Dampf, 100 Prozent sauber) sind in diesen Fällen als Werbelügen der beteiligten Unternehmen zu bewerten. Wasserstoff der Firma Linde-Gase basiert noch heute auf nahezu 100 Prozent kohlenstoffbasierten (also CO2-lastigen), erschöpflichen und umkämpften fossilen Quellen (Erdöl, Kohle etc.).
Im Gegensatz dazu existieren heute mehrere Möglichkeiten, um Wasserstoff aus im Übermaß vorhandenen, wasserstoffhaltigen Stoffen herauszulösen, und zwar ohne auf fossile Energiequellen angewiesen zu sein. Hierzu zählt erstens die Wasserstoffgewinnung aus Biomasse, die uns als nachwachsender Rohstoff zur Verfügung steht, und zweitens die Wasserstoffgewinnung aus Wasser, auf das wir (z.B. in Griechenland) bekanntermaßen unbegrenzt Zugriff haben.
Gerne wird in einschlägigen Fachmagazinen, aber auch in populären Medien auf die großartigen Möglichkeiten der regenerativen Wasserstoffproduktion hingewiesen. Bei genauer Betrachtung fällt jedoch auf, dass diese hochtrabenden Möglichkeiten lediglich als weit entfernte Zukunftsoptionen dargestellt werden. Es gibt viele Möglichkeiten, regenerativen Wasserstoff herzustellen, von denen hinsichtlich Marktreife und Serientauglichkeit heute kaum mehr als eine in großem Umfang einsatzfähig ist, nämlich die Wasserstoffgewinnung auf Basis der Elektrolyse. Bevor ich jedoch auf diese einfache und effiziente Art der bereits heute kommerziell betriebene Möglichkeit, regenerativen Wasserstoff zu gewinnen, eingehe, möchte ich kurz jene Zukunftsoptionen erläutern, die bereits in wenigen Jahren kommerziell genutzt werden können, sofern hierfür der politische Wille existiert.

VERSCHIEDENE PRODUKTIONSWEGE

DIE oxygene **PHOTOSYNTHESE** ist einer der bedeutendsten und ältesten Prozesse der Erde. Durch die Bildung organischer Stoffe mittels der im Sonnenlicht enthaltenen Energie treibt sie nahezu alle bestehenden Ökosysteme an. Den Lebewesen liefert sie Energie- und Baustoffquellen und erzeugt Sauerstoff, der unter anderem für die Bildung unserer Ozonschicht sorgt. Der Prozess der oxygenen Photosynthese ist im Grunde genommen die Spaltung von Wasser durch

Licht und die wichtigste Form der so genannten Photolyse. Diese bezeichnet ganz allgemein die Spaltung eines Moleküls durch Licht und sieht bezogen auf das Wassermolekül vereinfacht dargestellt wie folgt aus:

2 H_2O –> 4H+ + O_2 + 4e- (Lichtreaktion)

Jede Pflanze und jeder von ihr abhängige Organismus hat nur auf Basis dieser Reaktion die Möglichkeit zu existieren. Die Pflanze nutzt den kurzzeitig aus Wasser und Sonnenlicht in ihr entstehenden Wasserstoff (hier: 4H+) als Energieträger, der es ihr ermöglicht, die Energie der Sonne für das Wachstum zu nutzen. Kohlendioxid (CO2) spielt bei der Photosynthese bekanntermaßen ebenfalls eine Rolle. Einmal aufgenommen ermöglicht CO2 der Pflanze über einen komplexen Sekundärprozess, Kohlehydrate aufzubauen (Dunkelreaktion). Unter Laborbedingungen ist es heute möglich, die Photosynthese und damit die Gewinnung des so genannten biologisch-photolytischen Wasserstoffs künstlich ablaufen zu lassen, und zwar unter anderem mit Hilfe der Blaualge. Diese Art der künstlichen Photosynthese nutzt also Biomasse in einem so genannten Bioreaktor, der dem Sonnenlicht ausgesetzt wird und unter speziellen Rahmenbedingungen Wasserstoff produziert. Die Gewinnung von Wasserstoff durch Photolyse ist damit als vielversprechende Zukunftsoption zu betrachten, kann heute jedoch noch nicht kommerziell genutzt werden.

DIE photo-elektrochemische WASSERSPALTUNG nutzt eine andere, auf direktem Sonnenlicht basierende Technologie, um Wasser in seine Bestandteile Wasserstoff und Sauerstoff zu spalten. Bereits vor rund 40 Jahren wurde diese Art der künstlichen Photosynthese (auch Photoelektrolyse genannt) von Honda und Fujishima vorgestellt. Die Solarzelle, die für den notwendigen photo-elektrochemischen Prozess sorgt, besteht aus einer lichtdurchlässigen Schicht und aus einem zweiteiligen, in Wasser befindlichen Katalysator aus Metall beziehungsweise Halbmetall. Als Katalysator wird in der Chemie ein Stoff bezeichnet, der die Geschwindigkeit einer chemischen Reaktion erhöht, ohne dabei selbst verbraucht zu werden. Das Sonnenlicht trifft also auf das mit Wasser in Berührung stehende Katalysatormaterial und führt bei optimaler Materialwahl über den so genannten photo-elektrochemischen Prozess dazu, dass sich Wasser in seine Bestandteile Wasserstoff und Sauerstoff spaltet. Damit das System wirtschaftlich arbeitet, muss der Katalysator das Sonnenlicht effektiv nutzen, und das ist – wie eben angedeutet – abhängig von den gewählten Materialien. Die bereits in den 1970er-Jahren zwar funktionierende, doch wenig ausgereifte Technologie der photo-elektrochemischen Solarzelle wurde in den letzten Jahren von der deutschen Firma ODB-Tec bezüglich verbessertem Wirkungsgrad und Serientauglichkeit mit großem Erfolg weiterentwickelt. Doch trotz (oder wegen?) der Förderung durch das Bundesministerium für Bildung und Forschung sind diese neuartigen, mit Photokatalysatoren arbeitenden

Solarkollektoren nach wie vor nicht auf dem Markt erhältlich, obwohl eine Markteinführung für 2009 geplant war. Die vielversprechende Technologie kann derzeit nicht als kommerziell nutzbar bewertet werden. Laut persönlicher Auskunft des Geschäftsführers von ODB-Tec (Herr Dieter Ostermann) hat die Deutsche Bank die Patentrechte für das System erworben.

DIE solarthermische WASSERSPALTUNG zerlegt Wasser ebenfalls in seine Bestandteile Wasserstoff und Sauerstoff, und zwar mittels hoher Temperaturen zwischen 800 und 1200 Grad Celsius. Da es sehr energieaufwendig ist, diese Temperaturen zu erzeugen, macht es Sinn, die hierfür nötige Energie direkt aus konzentriertem Sonnenlicht zu gewinnen, das bekanntermaßen kostenlos zur Verfügung steht. Dieser Vorgang ist ohne größeren Aufwand zu bewerkstelligen. Da der so entstehende regenerative Wasserstoff (wie bei den zuvor genannten Verfahren der [künstlichen] Photosynthese) ebenfalls durch direkte Sonneneinstrahlung erzeugt wird, kann auch hier von solarem Wasserstoff gesprochen werden. Bei dem zum Zweck der thermischen Wasserspaltung nötigen thermochemischen Kreisprozess reagiert im ersten Prozessschritt der in Wasser enthaltene Sauerstoff mit einem so genannten Redox-Material (z.B. einer Zink-Eisenoxid-Verbindung), wobei Wasserstoff übrig bleibt, entweicht und gespeichert wird. Im zweiten Prozessschritt regeneriert sich das zunehmend oxidierte Redox-Material, indem der Prozess mit einer einfachen Methode umgedreht wird. Dadurch entweicht der zuvor durch die Oxidation gebundene Sauerstoff und das Redox-Material ist nach der nächsten Prozessumkehr wieder in der Lage, neuen Sauerstoff aufzunehmen. Bewerkstelligt wird dieser Prozess durch zwei nebeneinander stehende, einfach aufgebaute Reaktoren, die abwechselnd, beispielsweise im Halbstundentakt, einmal mit 800 und einmal mit 1200 Grad Celsius heißem konzentrierten Sonnenlicht beschienen werden. Die beiden Reaktoren haben die Größe von Haushaltskühlschränken und stehen in einem rund 40 Meter hohen Solarturm, der von einem Heliostatenfeld der Größe eines halben Fußballfelds beschienen wird. Ein Heliostatenfeld besteht aus beweglichen Spiegeln, die Sonnenlicht kontinuierlich auf einen Punkt im Solarturm konzentrieren. Mit den seit 2002 im spanischen Almeria betriebenen Hydrosol Projekten 1 und 2 (Hydrosol 3 befindet sich derzeit in Planung) wurden Funktion und Leistungsfähigkeit mit Gesamtwirkungsgraden von rund 50 Prozent eindrucksvoll unter Beweis gestellt. Die 50 Prozent beziehen sich hier wohlgemerkt auf das Verhältnis zwischen solarer Einstrahlung und gespeicherter Energie. (Bei der kommerziellen Photovoltaik beträgt dieser Wirkungsgrad heute sieben bis 17 Prozent.) Trotz der Zuverlässigkeit des Verfahrens wird seitens beteiligter Unternehmen davon ausgegangen, dass der Bau kommerziell genutzter Anlagen im Bereich der solarthermischen Wasserspaltung frühestens 2020 erfolgen kann. Da auch die Nutzung dieser Technologie zur Herstellung regenerativen Wasserstoffs derzeit nicht anwendbar ist, steht heute keine Technologie zur Verfü-

Arno A. Evers:

» Das meiste von dem, was heute als „umweltfreundliche Wasserstofftechnologie" bezeichnet wird, kommt aus fossilen Energieträgern, hauptsächlich erzeugt durch die Reformierung von Erdgas. Dieser Wasserstoff ist keinesfalls CO2 frei und schon gar nicht erneuerbar. Trotzdem wird vielfach (von Medien, Politik und Verwaltung) der Eindruck vermittelt, alles, was in einer Brennstoffzelle Strom (sowie Wärme und Wasser) erzeugt, sei: „100 Prozent sauber und 100 Prozent Dampf". Bei genauer Betrachtung der Herkunft des Wasserstoffs ist dies allerdings nicht der Fall, und das weltweit. Wasserstoff wird heute zu 95 Prozent aus fossilen Rohstoffen erzeugt. Nur fünf Prozent des Wasserstoffs werden über die Elektrolyse aus undefinierbar hergestellter Elektrizität produziert. Diese Um- und Irrwege braucht man sinnfälligerweise gar nicht weiter zu beschreiten... Dabei sind wohl allerdings die Widerstände in den Köpfen größer als die Probleme der Technologien, doch beide sind überwindbar! Von allein kommt diese wichtige Umstellung mit Sicherheit nicht. Man muss – außer an den technischen Voraussetzungen – auch an der Verbreitung von wahren Informationen über die bestehenden Vorteile, das Potenzial und die Möglichkeiten arbeiten. Ob das allerdings die Forscher und Techniker alleine schaffen? ... « (Starnberg, 10. Februar 2009)

ARNO A. EVERS
THE HYDROGEN SOCIETY ... MORE THAN JUST A VISION?
HYDROGEIT VERLAG
2010
Mit wertvollen Informationen
und knallharten Daten und Fakten
zu unserem Energiesystem!

Mehr von und über Arno A. Evers erfahren Sie auf:
www.AAEVERS.com

gung, um direkt-solaren Wasserstoff kommerziell zu produzieren, und da damit gerechnet werden muss, dass auch die Patente der solarthermischen Wasserspaltung zugunsten bestehender Machtstrukturen vom Markt ferngehalten werden, sollten nicht allzu viele Hoffnungen auf diese gesetzt werden. Deshalb gehe ich nun auf jene Technologien ein, die bereits heute effizient funktionieren beziehungsweise deren Patente sich derzeit in » guten Händen « befinden.

DIE BIOMASSEVERGASUNG basiert – wie auch die eben beschriebene solare Wasserspaltung – auf einem thermochemischen Prozess. Hier wird jedoch nicht Wasser durch hohe Temperaturen in seine Bestandteile zerlegt, sondern Biomasse. Der erste und wichtigste Schritt ist dabei die Einspeisung von Biomasse, also beispielsweise von Mais oder biologischen Abfällen, in einen so genannten Steam-Reformer. Die darin stattfindende Dampfreformierung folgt dabei dem gleichen Prinzip, das bei der allseits bekannten Verbrennung abläuft. Bei der Verbrennung von Holz entstehen neben Kohlendioxid auch Kohlenmonoxid und Wasserstoff. Verwendet man nasses Holz und drosselt die Sauerstoffzufuhr, steigert man automatisch die Wasserstoffproduktion. Holz verbrennt ab ca. 260 Grad Celsius. Die Dampfreformierung läuft bei rund 850 Grad Celsius ab. In einen so genannten Wirbelschicht-Vergaser, der einen gängigen Typen des Steam-Reformers darstellt und seit vielen Jahrzehnten für die Kohlevergasung (beispielsweise zu Stadtgas) eingesetzt wird, führt man Biomasse ein, die mittels eines unter Druck einströmenden heißen Wasserdampf-Sauerstoff-Gemisches verwirbelt wird. Durch die hohe Temperatur oxidiert die Biomasse zu Asche und Synthesegas. Die Asche kann als Dünger verwendet werden, während das vorwiegend aus Wasserstoff, Kohlenmonoxid und Kohlendioxid bestehende Synthesegas weiterverarbeitet werden muss, um daraus möglichst viel Wasserstoff, möglichst kein giftiges Kohlenmonoxid und möglichst wenig klimarelevantes Kohlendioxid zu gewinnen, sowie schließlich am Ende Wasserstoff vom Kohlendioxid zu trennen. Die meisten Einzelprozesse stehen heute für eine kommerzielle Nutzung zur Verfügung, konnten aber im Gesamtzusammenhang für die Produktion reinen Wasserstoffs in großem Maßstab noch nicht hinreichend getestet werden, womit aber in den nächsten Monaten oder Jahren zu rechnen ist. Die Probleme der Biomassevergasung bestehen heute nach wie vor darin, dass dabei zum einen CO2 entsteht und zum anderen eine erhebliche Menge an Biomasse benötigt wird. Bei einem Wirkungsgrad zwischen 72 Prozent (Deutsches Zentrum für Luft und Raumfahrt, DLR) und 84 Prozent (H2Works) gilt das Verfahren zudem in weiten Kreisen als nicht effizient genug, was einerseits am Energieaufwand für die Gasreinigung liegt, vor allem aber auch daran, dass auf den Gesamtprozess gesehen noch der Energie- und Arbeisaufwand für den Transport sowie für den Anbau der Biomasse mit eingerechnet werden muss. Letzteres spielt bei der Verwertung von Bio-Abfällen natürlich keine Rolle, und das entstehende CO2 könnte letztendlich der Produktion von synthetischem Erdgas zugute kommen. Vergleicht man dabei die Biomassevergasung mit der Fermentierung (Vergärung auf Basis von Bakterien), die innerhalb der allseits bekannten Biogasanlagen stattfindet, so darf das Argument, Biomassevergasung sei nicht effizient genug, grundsätzlich nicht gelten. Denn Biogasanlagen werden in Deutschland seit dem Jahr 2004 in erheblichem Maße subventioniert, obwohl sie einen deutlich niedrigeren Wirkungsgrad haben als Biomassevergaser.

Biogas hat lediglich einen Energiegehalt von maximal 6 **kWh/kg** (Kilowattstunden pro Kilogramm). Im Vergleich dazu hat handelsübliches SNG oder Erdgas einen Energiegehalt von durchschnittlich 12,5 **kWh/kg**, und Wasserstoff verfügt sogar über einen Energiegehalt von exakt 39,4 **kWh/kg. Davon abweichende, in der Öffentlichkeit kursierende Zahlen beziehen sich entweder auf Kilowattstunden pro Kubikmeter oder auf den Heizwert, der immer etwas geringer ausfällt als der Brennwert (Energiegehalt = Brennwert).**

Was viele also nicht wissen ist, dass Biogas in seiner Leistungsfähigkeit deutlich unter SNG beziehungsweise Erdgas liegt. Biogasanlagen gelten landläufig trotzdem als effizient genug, zumindest dann, wenn sie ausschließlich auf Bioabfälle zurückgreifen, und nicht auf eigens dafür angepflanzte Gewächse. Denn Letztere müssen ja immer erst aufwendig angebaut, geerntet und transportiert werden und stehen bezüglich Raum und Zeit zudem in Konkurrenz zum Anbau von Nahrungspflanzen.

Natürlich spielen bei der Gewinnung regenerativer Energien die Kosten für die Anlagen immer die Hauptrolle (dicht gefolgt vom Wirkungsgrad), und Biomassevergaser sind schon allein aufgrund ihrer Komplexität deutlich teurer als klassische Biogasanlagen. Da sie aber sehr schnell spürbar höhere Erträge erwirtschaften, ist anzunehmen, dass sich Investitionen in Biomassevergaser zur Wasserstoffproduktion in jedem Falle lohnen beziehungsweise nach ihrer Markteinführung lohnen werden. Die Marktreife ist hierbei heute jedoch davon abhängig, ob sich Investoren finden, die bereit sind, in die Weiterentwicklung des Systems zu investieren, was aufgrund des so genannten Henne-Ei-Syndroms* des Wasserstoffs momentan noch unwahrscheinlich ist (* kein Wasserstoff weil zu wenige Anwendungsmöglichkeiten und zu wenige Anwendungsmöglichkeiten weil kein Wasserstoff). Würde dieses Problem gelöst – wofür das H2EK den entscheidenden Beitrag leisten kann –, wären Investoren schnell zur Stelle, denn so wäre klar, dass Wasserstoff in absehbarer Zeit seine Abnehmer findet.

Klassische Biogasanlagen, die aus dem erzeugten Biogas Strom erzeugen und in das Stromnetz einspeisen, haben einen Wirkungsgrad von rund 20 Prozent. Das heißt, aus 100 Prozent Energiegehalt (z.B. von Mais) können nur 20 Prozent in das Stromnetz eingespeist werden. Aufgrund von Transport- und Transformationsverlusten (Hochspannungsleitung, Ladegerät eines Smartphones etc.) kommen beim Endverbraucher jedoch nur maximal 18 Prozent des pflanzlichen

Energiegehalts an. Würde man den in der Biogasanlage verwerteten Bioabfall stattdessen über den Gesamtprozess der Biomassevergasung mit einem Wirkungsgrad von rund 78 Prozent zu Wasserstoff verwerten und diesen Wasserstoff ins vorhandene Gasnetz einspeisen, würden beim Endkunden bereits über die anschließende Verbrennung des Wasserstoffs (gemischt mit handelsüblichem Gas) in einem strom- und wärmeproduzierenden Blockheizkraftwerk annähernd 70 Prozent ankommen. Denn erstens gibt es beim Transport von Gas so gut wie keine Verluste und zweitens wird die Energie durch die Kraft-Wärme-Kopplung am Ort des Verbrauchs mit einem Blockheizkraftwerk zu mindestens 90 Prozent ausgenutzt!

Merke: 18 % versus 70 %

Bei der Verwendung eines ebenfalls Strom und Wärme produzierenden Brennstoffzellen-Heizgeräts anstatt des mechanischen Blockheizkraftwerkes würden aus den reell nutzbaren 70 Prozent der Biomassevergasung übrigens rund 75 Prozent.

Dennoch war es richtig, vorerst Biogasanlagen in großem Stil einzuführen, denn schließlich ging und geht es darum, jede Gelegenheit der regenerativen Energieproduktion zu nutzen und aus vielen kleinen Anteilen große Schritte zu machen.

In erster Linie aufgrund der bislang fehlenden Marktreife der Anlagen für die Biomasse-zu-Wasserstoff-Vergasung (Reformierung) wird dieses Verfahren der Gewinnung regenerativen Wasserstoffs im H2EK derzeit nicht als tragfähiger Baustein betrachtet. Trotzdem ist die pflanzliche Biomasseproduktion aufgrund der durch das H2EK möglichen, nahezu uneingeschränkten Landbewässerung grundsätzlich in Betracht zu ziehen. Was dabei allerdings sehr genau abgewogen werden sollte, ist die Frage nach der ethischen Tragbarkeit der Biomasseproduktion zum Zweck der Kraftstoffgewinnung (Bioethanol, Biodiesel, regenerativer Wasserstoff), egal, ob die so genannte Welthungerproblematik auf zu wenig Anbaufläche, auf die ungleiche Verteilung von Nahrungsmitteln oder auf Nahrungsspekulationen zurückzuführen ist.

Die Biomasseproduktion auf Algenbasis böte hierfür eine tragfähige Lösung, denn mit ihr kann unter Umständen auf Landfläche verzichtet werden, vor allem dann, wenn entsprechende Bioreaktoren, also die Rohr- oder Schlauchsysteme, in denen die Algen gezüchtet werden, an der Wasseroberfläche innerhalb geschützter Meeresbuchten liegen. Die Wasseroberfläche böte dabei den entscheidenden Vorteil, dass das Schlauchsystem aufgrund der nahezu konstanten, mediterranen Wassertemperatur durchgehend ideales Wachstumsklima geboten bekäme. Die kommerzielle Nutzbarkeit von Algen als Lebensmittel, Medizinpflanze und als Grundlage für die Wasserstoffproduktion bietet für Griechenland also zusätzliches wirtschaftliches Potenzial.

GRIECHENLANDS KÖNIGSWEG HEUTE: DIE ELEKTROLYSE

Im Gegensatz zu den genannten technischen Zukunftsoptionen existiert in Griechenland bereits heute die Möglichkeit, auf Basis der vorhandenen Ressourcen (Wind, Sonne, Landfläche und vor allem Salzwasser) regenerativen Wasserstoff herzustellen, um daraus das synthetische Erdgas SNG zu gewinnen.
Wind, Sonne und Meerwasser haben im Gegensatz zur Verwendung von Biomasse und fossilen Energieträgern den großen Vorteil, dass sie ohne menschliches Zutun vorhanden sind. Pflanzliche Biomasse muss vor der Umwandlung in nutzbare Energie erst angebaut und die begrenzt vorhandenen fossilen Energieträger Erdöl, Erdgas, Kohle und Uran müssen gesucht, erschlossen und abgebaut werden, während Sonne, Wind und Wasser sozusagen direkt vorliegen, und zwar kostenlos.
Wasserstoff, als häufigstes bekanntes Element, ist auch auf der Erde für uns Menschen in unbegrenztem Maße vorhanden, und zwar größtenteils gebunden in Wasser. Die einfachste Möglichkeit, an diesen Wasserstoff zu gelangen und ihn nutzbar zu machen, ist die Zerlegung von Wasser in seine Bestandteile Wasserstoff und Sauerstoff durch den einfach zu bewerkstelligen Durchfluss elektrischen Stroms. Wenn der dafür verwendete Strom aus regenerativen und CO2-neutralen Quellen stammt, ist dieser Wasserstoff 100 Prozent sauber und umweltfreundlich und kann als **regenerativer Wasserstoff** bezeichnet werden. Wasserstoff ist Energieträger (keine Energiequelle), der als Energiespeicher und Energietransporteur genutzt werden kann.
Der Prozess, bei dem Wasser durch Strom in seine Bestandteile Wasserstoff und Sauerstoff zerlegt wird, heißt Elektrolyse. Das Funktionieren dieses Prozesses wird heute am eindrucksvollsten mit dem Wind-Wasserstoff-Hybridkraftwerk der Firma Enertrag in Prenzlau unter Beweis gestellt. Der dort eingesetzte Elektrolyseur arbeitet mit einem Wirkungsgrad von rund 80 Prozent. **Die Nutzung der im Wasserstoff enthaltenen Energie durch die Rückverstromung unter zusätzlicher Nutzung der Abwärme für Warmwasser und Heizenergie kann mittels Brennstoffzelle bei einem Gesamtwirkungsgrad von rund 75 Prozent gewährleistet werden.** Der Wert von 75 Prozent bezieht sich in Prenzlau auf jene 100 Prozent Energie, die in den Elektrolyseur als Strom eingehen. Der Energiebedarf im Falle der direkten Einspeisung des Wasserstoffs in das Gasnetz (ein bis zwei Bar Druck) ist vernachlässigbar.
Das Fraunhofer Institut für Fertigungstechnik und Angewandte Materialforschung (IFAM) in Dresden: » Sowohl wirtschaftlich als auch klimapolitisch wird die Erzeugung von Wasserstoff über die Elektrolyse von Wasser als eine Schlüsseltechnologie für die Energieversorgung aus regenerativen Energiequellen bewertet. «
Der Prozess der Wasserstoffproduktion durch Wasserelektrolyse kann recht einfach erklärt werden: Ein

stromführendes Kabel ist unterbrochen. Die beiden offenen Kabelenden befinden sich im Wasser. Anstelle des Kabels übernimmt das Wasser die Leitung des Stroms, jedoch nur, wenn Verunreinigungen im Wasser enthalten sind. Reines Wasser ist nicht leitfähig, kann aber über die Zugabe von so genannten **Elektrolyten** leitfähig gemacht werden. Ein geeignetes Elektrolyt ist Kaliumhydroxid (KOH), das heute unter anderem als Grundstoff für Seifen und Waschmittel Anwendung findet.

Innerhalb des Wassers fließen nun zum einen Kabelende Wasserstoff- und zum anderen Kabelende Sauerstoffmoleküle, welche an die Oberfläche steigen.

Die Kabelenden sind speziell ausgebildet und werden Elektroden genannt. Diese können aus unterschiedlichen leitenden Materialien bestehen, von denen sich manche besser und manche – beispielsweise aufgrund von Oxidationsprozessen – schlechter eignen. Ein seit 2011 laufendes Forschungsprojekt des IFAM Dresden (Fraunhofer-Institut für Fertigungstechnik und Angewandte Materialforschung) soll hier mehr Aufschluss geben.

Der Wirkungsgrad der konventionellen alkalischen Wasserelektrolyse liegt heute bei rund 80 Prozent. Deutlich darunter liegende Werte mit Wirkungsgradangaben von 60 bis 70 Prozent stammen meist aus den 1980er-Jahren und werden gerne als Argument gegen die Elektrolyse angeführt. Am renommierten Massachusetts Institute of Technology (MIT) entdeckte man bereits 2008 eine Möglichkeit, die Wasserelektrolyse unter Beigabe eines speziellen Katalysators auf 100 Prozent zu steigern. Die Hochtemperaturelektrolyse, welche sich allerdings leider noch im Forschungsstadium befindet (Puerto Errado Solarpark in Spanien), erreicht einen Wirkungsgrad von 90 Prozent. Dennoch wird für die Berechnungen innerhalb des H2EK von einem Elektrolyse-Wirkungsgrad von 80 Prozent ausgegangen.

Wasser wird also durch Zufuhr von elektrischer Energie in Wasserstoff und Sauerstoff zerlegt, die entstandenen Gase H2 und O2 werden getrennt gespeichert. O2, also der entstehende Sauerstoff, kann als vermarktungsfähiges Nebenprodukt betrachtet werden. Medizinischer Sauerstoff beispielsweise kostet im deutschen Einzelhandel derzeit rund 100 Euro pro Kilogramm! Ein Kilogramm Sauerstoff hat ein Volumen von 0,75 Normkubikmeter. Ein Normkubikmeter hat einen Rauminhalt von einem Kubikmeter bei einem Bar Druck und 15 Grad Celsius. Rund ein Bar Druck entspricht dem normalen Atmosphärendruck, der uns auf der Erdoberfläche umgibt.

ENTSALZUNG MIT POSITIVEN NEBENEFFEKTEN

Da speziell Griechenland mit mehr als 13.000 Kilometern Küstenlänge zum Großteil von Meerwasser umgeben ist und dort gleichzeitig verhältnismäßig wenig Süßwasser vorhanden ist, bietet sich für die Gasproduktion primär die Nutzung des Meerwassers an. Es

steht kostenlos zur Verfügung. Um die Wasserstoffproduktion mithilfe der Elektrolyse ohne unerwünschte Nebeneffekte ablaufen lassen bzw. abfahren zu können, muss das Meerwasser zuvor der Entsalzung unterzogen werden. Doch was bei der Wasserelektrolyse unerwünscht ist, gilt bei der Chlorkali-Elektrolyse (Elektrolyse von Kochsalzlösung) als erwünscht, denn sie dient dazu, Chlor zu produzieren. Sollten auf Initiative der chlorproduzierenden Industrie bei der Realisierung des H2-Energiekonzepts auch Anlagen zur Chlorkali-Elektrolyse erwünscht sein, so steht dem nichts im Wege. Zu beachten wäre lediglich, dass selbstverständliche Umweltauflagen erfüllt werden. Auch bei der Chlorkali-Elektrolyse entsteht neben Chlor, Natronlauge und Natriumchlorid das Produkt Wasserstoff. Der Produktionsbaustein Meerwasserentsalzung entfiele bei dieser Variante.
Die Anlagen für die Meerwasserentsalzung haben natürlich idealerweise in Küstennähe zu liegen. Vorhandene Industriegebiete können hierfür erweitert und hinsichtlich einer synergetischen Bündelung optimiert werden. Neue Industriestandorte unterschiedlichen Umfangs können geschaffen werden – beispielsweise in strukturschwachen Regionen wie Thrakien (Grenze zur Türkei) und der peloponnesischen Halbinsel. Unternehmen aus Prozessindustrien der Chemiebranche sind auf spezielle Infrastrukturen angewiesen. Dazu zählen Leistungen aus Bereichen wie Ver- und Entsorgung, Logistik, Facility-Management oder auch Umweltschutz- und Sicherheitsleistungen. So macht es Sinn, derartige Industrien an bestimmten Orten zu bündeln, um dort Synergieeffekte zu generieren.

NEUESTE TECHNIK SENKT ENTSALZUNGSKOSTEN

Der Energieaufwand für die Meerwasserentsalzung stand groß angelegten Konzepten bislang im Wege. Die hier vorgeschlagene **Thermo-Ionische Destillation** (Firma Saltworks Technology) ist im Gegensatz zu gängigen Verfahren jedoch sehr viel effizienter. Sie benötigt etwa 80 Prozent weniger elektrische bzw. mechanische Energie als herkömmliche Verfahren. Da die Thermo-Ionische Destillation weder auf hohe Temperaturen noch auf hohen Druck angewiesen ist, wird elektrische Energie lediglich zum Betrieb der Steuerung und der Niederdruck-Zirkulationspumpen benötigt. Zusätzliche, für den Prozess der Destillation benötigte Energie wird aus dem Ionenpotenzialgefälle der unterschiedlich konzentrierten Salzlösungen generiert, indem die entsprechend geladenen Salzlösungen aus eigenem Antrieb durch filternde Membranen drängen. Lediglich die atmosphärische Trockenheit der Umgebungsluft sowie Wärme aus direkter Sonneneinstrahlung sind erforderlich, um die Destillationsenergiebarriere zu überwinden. Mit einer Kilowattstunde Energie können auf diese Weise 1.000 Liter salzfreies Wasser gewonnen werden. (***http://goo.gl/vkRyF***)

Auch andere hoch entwickelte Verfahren der solaren Meerwasserentsalzung können innerhalb dieses SNG-Produktionsbausteins unabhängig von der hier vorgeschlagenen Thermo-Ionischen Destillation Anwendung finden. Der Kreativität der Ingenieure sind hier keine Grenzen gesetzt (wie aktuelle Entwicklungen in diesem Bereich zeigen). Das vermarktungsfähige Nebenprodukt dieses Schrittes heißt Kochsalz.
Für die künstliche Herstellung von handelsüblichem Gas benötigt Griechenland also im ersten Schritt eines oder mehrere der neuen Verfahren der Meerwasserentsalzung und an zweiter Stelle Strom, um Wasser in das Zwischenprodukt Wasserstoff und in das Nebenprodukt Sauerstoff zu zerlegen. Im dritten Schritt wird bei dem Prozess der Methanisierung unter Zugabe des Treibhausgases CO2 aus Wasserstoff handelsübliches Gas produziert. Dieses Gas kann umgehend und völlig komplikationsfrei vermarktet werden.

METHANISIERUNG UND NEUER CO2-KREISLAUF

Die Methanisierung ist ein einfacher Vorgang, der in einem Reaktionsgefäß stattfindet (Sabatier-Reaktor), dort selbstständig abläuft und Wärme produziert. **Aus Wasserstoff und Kohlendioxid wird hierbei SNG (Synthetisches Erdgas)**.
Bei der Methanisierung (Sabatier-Prozess; Sabatier-Reaktion) geschieht Folgendes: Während sich der Sauerstoffanteil des Kohlendioxids mit Wasserstoffmolekülen zu Wasser verbindet, verbindet sich der Kohlenstoffanteil des Kohlendioxids mit den Wasserstoffmolekülen zu Methan, und zwar unter Abgabe von Energie (Abwärme):

$$CO_2 + 4H_2 \rightarrow CH_4 + 2H_2O + e$$

Kohlendioxid + Wasserstoff –> Methan + Wasser + Energie

Die so genannte Sabatier-Reaktion kann innerhalb einer Spanne von wenigen Grad Celsius bis etwa 1000 Grad Celsius stattfinden, wobei das Reaktionsprodukt, das SNG, bei einer Reaktionstemperatur von rund 200 Grad Celsius hinsichtlich der Zusammensetzung (hoher Methananteil, geringer Wasserstoffanteil, geringer Kohlendioxidanteil) die besten Werte aufweist (***http://goo.gl/RbxtF***). Die hierbei entstehende Wärmeenergie kann genutzt werden, um zusätzlichen Strom für die Elektrolyse zu erzeugen.
Da Kohlendioxid (CO2) weltweit als klimaschädlich gilt und daher durch kostenintensive Verfahren (z.B. CCS-Technologie) aus der Erdatmosphäre getilgt werden soll, kann das für die Methanisierung benötigte Kohlendioxid – wie auch das Meerwasser – kostenlos zur Verfügung stehen. Durch die Nutzung des Kohlendioxid durch die Gasproduktion entsteht ein Kreislauf, der dieses gewinnbringend nutzt – im weiteren Sinne zu bezeichnen als technischer CO2-Kreislauf und im engeren Sinne als industrieller CO2-Kreislauf.

Eingespeist in das nationale Speicher- und Versorgungssystem steht das Endprodukt SNG nun allen nationalen Verbrauchern, ob mobil oder stationär, ob privat oder gewerblich als Brennstoff zur Verfügung. Das so gewonnene **SNG hat einen effektiven Brennwert von rund zehn Kilowattstunden pro Kubikmeter** und liegt damit im Durchschnitt des heute üblichen Erdgases. Eine Nachfrage ist ständig vorhanden.

Die Wahrscheinlichkeit, dass dieser Brennstoff langfristig zu einer allgemeinen Senkung der Gaspreise führt, ist dabei beachtlich, denn das Prinzip » je höher das Angebot, desto geringer der Preis « gilt auch hier.

Vermarktungsfähiges Nebenprodukt dieses Prozessschrittes ist Trinkwasser. Um den Bedarf an entsalztem Meerwasser zu senken, sollte das bei der Methanisierung entstehende Wasser der Elektrolyse zugeführt werden.

OXYHYDROGEN ...

Oxyhydrogen entsteht, wenn Wasser durch Elektrolyse in seine Bestandteile Wasserstoff und Sauerstoff gespalten wird und diese beiden Gase nicht voneinander getrennt werden. Die Entzündungstemperatur des Gasgemischs Oxyhydrogen liegt – wie auch bei Wasserstoff – bei mindestens 465 Grad Celsius. Bei sorgfältiger Verwendung ist der Umgang ebenso ungefährlich wie der mit Erdgas, dessen Entzündungstemperatur bei 595 Grad Celsius liegt. Theorien, die besagen, dass sich das Gasgemisch aus Wasserstoff und Sauerstoff bei bloßer Zusammenkunft selbst entzündet, sind gegenstandslos. Man erinnere sich an den Chemieunterricht, wo grundsätzlich der so genannte Glimmspan nötig war, um das Gasgemisch Oxyhydrogen zu entzünden. Ein Glimmspan glimmt bei rund 800 Grad Celsius, hätte somit auch Erdgas mit einem Zündpunkt von 595 Grad Celsius zur Explosion gebracht. Holz hat im Übrigen einen Zündpunkt von durchschnittlich 300 Grad Celsius (abhängig von seiner Feuchtigkeit).

Die Durchleitung von frisch gespaltenem Oxyhydrogen (HHO) durch Alkohol (Ethanol; C2H6O) mittels einfachen Blubberns bewirkt, dass sich das reaktionsfreudige Gemisch aus frisch gespaltenen Wasserstoff- und Sauerstoffatomen mit den verdunstenden Kohlenstoffmolekülen des Ethanols verbindet. Versuchsreihen, die diesen Ansatz untermauern und optimieren, werden derzeit verfeinert. Das so entstehende, entscheidende Produkt heißt Methan (CH4).

Ähnliches geschieht in einem Sabatierreaktor, nur mit dem Unterschied, dass hier anstelle kohlenstoffhaltigen Ethanols kohlenstoffhaltiges Kohlendioxid verwendet wird. Kohlendioxid setzt dabei Energie frei, sobald es in seine Bestandteile Kohlenstoff und Sauerstoff zerlegt wird. Diese Energie ist die Abwärme des exothermen Reaktionsprozesses der Methanisierung und kann, wie gesagt, für die Energierückgewinnung effizient genutzt werden.

Da man für die Herstellung von Oxyhydrogen und die in direktem Anschluss stattfindende Methanisierung weder darauf angewiesen ist, Wasserstoff und Sauerstoff zu trennen, noch darauf, reinen Wasserstoff zu speichern, kann diese Form der Gasproduktion als deutlich effizienter bewertet werden als die klassische Methanisierung von reinem Wasserstoff. Doch aufgrund gesellschaftlicher und sogar wissenschaftlicher Vorurteile gegenüber dem Oxyhydrogen (hierzulande Knallgas genannt) wird im H2EK der klassischen Wasserstoff-Methanisierung und nicht der Oxyhydrogen-Methanisierung der Vorzug gegeben. Im Falle der Einsicht seitens Industrie und Wissenschaft in die Sinnhaftigkeit der Oxyhydrogen-Methanisierung wäre also nochmals mit erheblichen Zusatzerträgen aus der griechischen Gasproduktion zu rechnen.
Wie gesagt, Oxyhydrogen, das sich aus den englischen Worten Oxygen (Sauerstoff) und Hydrogen (Wasserstoff) zusammensetzt, wird im deutschen Sprachraum als Knallgas bezeichnet. Seine Atome sind genau die, aus denen unser Wasser besteht, nur eben in nicht verbundener Form. Wie bereits erwähnt, so benötigt die Verbrennung von Wasserstoff (H) unbedingt Sauerstoff (O), und **je mehr Sauerstoff zur Verfügung steht, umso intensiver, heißer, also energetisch wirksamer läuft die Verbrennung ab**. Dies ist der Grund dafür, dass bei der Verbrennung von Oxyhydrogen deutlich mehr Energie frei wird, die Verbrennung also mit deutlich höherer Effizienz abläuft als bei der Verbrennung unter Atemluft, die nur einen Sauerstoffanteil von rund 20 Prozent beinhaltet. Entsprechende Versuchsreihen zu diesem Thema befinden sich derzeit in Ausarbeitung – von www.energienovum.de .
Angesichts der Einfachheit, mit der Oxyhydrogen hergestellt werden kann, und der hohen Effizienz, die dieses Gas in sich trägt, ist es nur zu verständlich, dass es durch derzeitige Machtinteressen vom Markt ferngehalten wird und Vorurteile geschürt werden.
Die Herstellung von Oxyhydrogen durch die Spaltung von Wasser mittels Elektrolyse kann bereits mit sehr einfachen Mitteln und mit wenig Energieeinsatz auf Niedervoltbasis bewerkstelligt werden, wie die langsam aber sicher auf den Markt drängenden **» Volkselektrolyseure «** , wie z. B. die Anton-Zelle von Oliver Edler und seinem Team eindrucksvoll unter Beweis stellt. Ein Einsatzgebiet wäre beispielsweise ein Niedrigenergiedorf auf Basis eines 24-Volt-Gleichstromsystems, das an der einen oder anderen Stelle auf höhere Energien angewiesen ist. Hier könnten Gasthermen für die Warmwasser und Heizwärmeerzeugung (sog. Durchlauferhitzer) durch Oxyhydrogen betrieben werden, das am Ort des Verbrauchs direkt erzeugt und verbrannt wird.

... » ON DEMAND « UND » ON SITE «

Ein derartiges System wurde bereits entwickelt und steht als funktionierender Prototyp einsatzbereit zur

Oliver Edler:

» Die Kerntechnologie von **ANTON:** ist Teil einer neuen Generation von Elektrolyseuren. Ein derartiger Elektrolyseur wird bauartbedingt als Dry Cell bezeichnet (Trockenzelle). Durch die Bauweise in Form des so genannten Stack-Systems erzielt dieses handliche Gerät beste Effizienzwerte… Ein wichtiger Aspekt dieser Kerntechnologie besteht darin, dass der Elektrolyseur das benötigte Gas im Bedarfsfall vor Ort erzeugt. Dabei befindet sich das frisch erzeugte Gas im so genannten Status Nascendi (*in statu nascendi*; vom lateinischen Deponens nasci = zur Welt kommen, geboren werden). Es unterscheidet sich in seinen Eigenschaften erheblich von » normalem « Wasserstoff. Naszierender Wasserstoff ist wesentlich reaktiver. Einerseits liegt er unmittelbar nach seiner Bildung anstatt molekular atomar vor, zum anderen befindet er sich kurz nach der Bildung noch in einem energetisch angeregten Zustand und besitzt daher ein höheres Reduktionsvermögen... Aus Wasser wird hier also mittels Elektrolyse ein hochenergetisches Gas, das bei Bedarf unter Energieabgabe wieder zurück zu Wasser reagiert. Weder werden beim Prozess der Rekombination der beiden Gase Wasserstoff und Sauerstoff (z.B. Verbrennung) irgendwelche Abgase oder Verbrennungsrückstände an die Umwelt abgegeben, noch wird dabei Sauerstoff aus der Atemluft entnommen… Im Gegensatz zu den fossilen Energieträgern ist die Erzeugung und Verbrennung hier ein vollkommen umkehrbarer Prozess… Die Flamme brennt sowohl unter Wasser als auch im luftleeren Raum. Die Verbrennung kann bedenkenlos in geschlossenen Räumen stattfinden… Aus den einzigartigen Eigenschaften der Trockenzelle und des mit ihr produzierten Gases ergeben sich eine Vielzahl an Einsatzmöglichkeiten. So hat mit dieser Technologie beispielsweise jeder die Möglichkeit, sich überall einen umweltneutralen Brennstoff aus Wasser und Strom selbst herzustellen… Grundsätzlich lassen sich die Anwendungsmöglichkeiten des Gases in drei Bereiche einteilen: • A: Optimierung der Verbrennung von so genannten Kohlenwasserstoffen wie Heizöl, Diesel, Benzin, Biogas, Erdgas, SNG, Bio-Ethanol etc. hinsichtlich der Reduktion von Emissionen und Verbrauch. • B: Anwendungen, bei denen das Gas unter Ausnutzung der besonderen physikalischen beziehungsweise chemischen Eigenschaften pur verwendet wird. • C: Nutzung als Speicher regenerativer Energien... Die Verwendung von Strom aus regenerativen beziehungsweise alternativen Quellen für die Elektrolyse ist Grundbedingung… «

» Die Nutzung von selbst hergestelltem Gas – bestehend aus Wasserstoff und Sauerstoff – erfordert ein Umdenken und eröffnet völlig neue Wege. «

Verfügung. Sobald man hier die Heizung einschaltet, beginnt das Gerät auf Niedervoltbasis sein eigenes Gas zu produzieren, mit dem in der Heiztherme Warmwasser erzeugt wird. Wenn nun anstatt einer konventionellen Heiztherme ein Sterling-Mikro-Blockheizkraftwerk verwendet wird, das zwischenzeitlich als Serienprodukt – wenn auch noch deutlich zu teuer – auf dem Markt zu haben war/ist (z.B. WhisperGEN, Efficient Home Energy), so kann mit der hier entstehenden Abwärme wiederum Gleichstrom erzeugt werden.

Stanley Meyer hat es auf eine ähnliche Weise in den 1990er- Jahren geschafft, mit einem wasserbetriebenen Auto quer durch die USA zu fahren (***Videos: http://goo.gl/vJl3J***). Meyer verwendete für dieses System allerdings den allseits bekannten Verbrennungsmotor anstelle des Sterling-Systems. 1998 starb er im Alter von 57 Jahren unmittelbar nach einem Restaurantbesuch – nach offiziellen Angaben aufgrund einer Lebensmittelvergiftung.

Das Konzept eines Niedrigenergiedorfs auf Gleichstrombasis wurde von Arno A. Evers entwickelt. Der nötige Strom von 24 Volt reicht dabei völlig aus, nahezu alle gängigen Haushaltsgeräte ausreichend mit Energie zu versorgen! Geräte wie Gasherde, Heizthermen, Espressomaschinen und sogar Kühlschränke und Klimaanlagen können dabei mit selbst hergestelltem Oxyhydrogen betrieben werden. Mit handelsüblichem Gas betriebene Kühlschränke gibt es seit vielen Jahrzehnten. Doch sowohl innerhalb dieses Niedrigenergiedorfs als auch für die Verwirklichung des H2-Energiekonzepts stellt sich die Frage, aus welchen Quellen der nötige Strom kommen soll.

Die **ANTON:** Elektrolysezelle produziert ein Gas, das aus Sauerstoff und Wasserstoff besteht. Um jedem auf einfache Weise die Möglichkeit zu geben, Sauerstoff und Wasserstoff näher kennenzulernen, wurde **ANTON:** zu Wege gebracht – als Bausatz in ausgereiftem Industrial-Design um das Jahr 2010. **ANTON:** hat Laien wie Professionelle inspiriert und viele Entwicklungen initiiert. Auch Plagiate sind im Umlauf, die allerdings nicht immer empfehlenswert sind.

Ob und wann eine weitere Serie von **ANTON:** in Produktion geht: www.h2ek.de

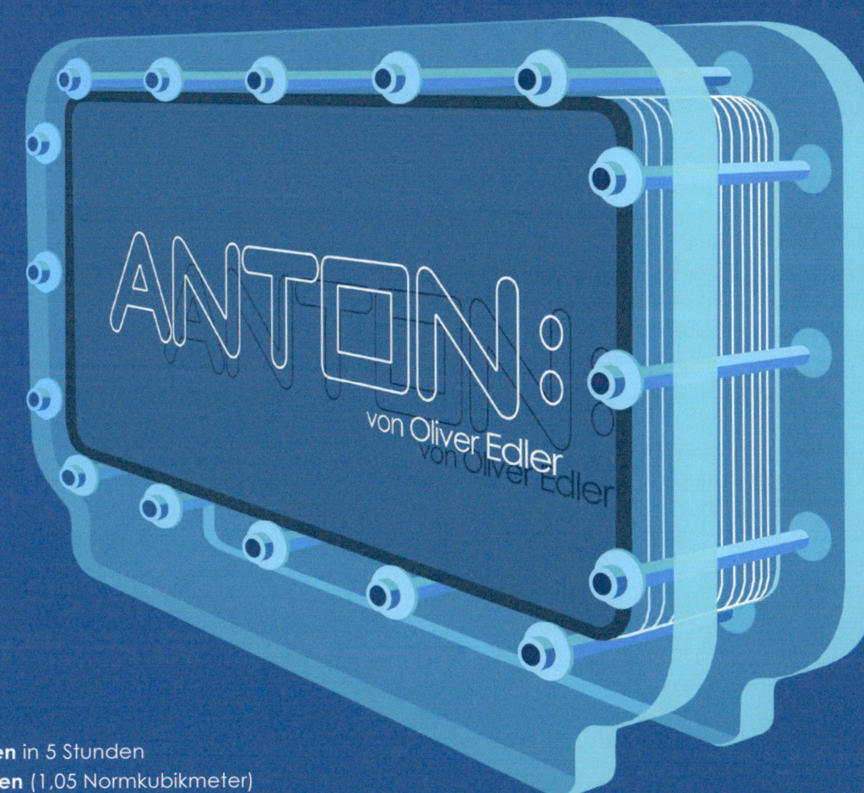

- *Maße:* ca. 35 x 25 x 15 cm
- *Gewicht:* 10 Kilogramm
- *Betriebsspannung:* 12 Volt
- *Strom:* 40 Ampere
- *Leistung:* 480 Watt
- *Betriebstemperatur:* 70 °C
- ***Energieverbrauch:* 2,4 Kilowattstunden** in 5 Stunden
- *Produktion:* 1.050 Liter Gas **in 5 Stunden** (1,05 Normkubikmeter)
- *Elektrolytkonzentration:* ca. 3 Prozent Kaliumhydroxid (KOH)

7. Der nötige Strom

Wie im vorherigen Kapitel beschrieben, gewinnt man über den recht einfachen thermochemischen Prozess der Methanisierung handelsübliches Gas aus Wasserstoff, und zwar unter Zugabe von Kohlendioxid. Und über den einfachen elektrochemischen Prozess der Elektrolyse gewinnt man zuvor Wasserstoff aus Wasser, und zwar unter Zugabe von elektrischem Strom.

Die Frage, wie regenerative Elektrizität für die Elektrolyse erzeugt werden kann, scheint im ersten Moment auf einfache Weise beantwortbar. Spontan fallen uns die expandierenden Bereiche der Photovoltaik und der Windkraft ein, doch Aspekte des Rohstoffbedarfs spielen bei diesen Erwägungen fälschlicherweise meist nur eine untergeordnete Rolle. Genauso verhält es sich in Bezug auf die Emissionen bei der Herstellung und in Bezug auf die Haltbarkeit der Anlagen. Die Investitionskosten und die mit den Wirkungsgraden zusammenhängenden Erträge hingegen werden meist sofort bedacht (ohne Rücksicht auf Umwelt und Klima).

Bei Windkraftanlagen ist es zwar so, dass sie im Verhältnis zu den Investitionskosten lukrative Gewinne versprechen, doch ihr Rohstoffbedarf und die Emissionen bei ihrer Herstellung sind groß. Jede einzelne Windkraftanlage benötigt einen eigenen Stromgenerator, der bei einer Nennleistung von **drei Megawatt** 1.000 Kilogramm oder mehr wiegt. Der Generator besteht in erster Linie aus Kupfer und sehr starken Magnete. Zur Herstellung der Magneten werden genau jene Rohstoffe benötigt, die man als seltene Erden bezeichnet. China hat die weltweit größten Vorkommen an seltenen Erden und plant, diese in Zukunft mehr und mehr für den Eigenbedarf zu nutzen, um den Mehrwert der daraus entstehenden Güter selbst abschöpfen zu können, was verständlich ist. Vor diesem Hintergrund ist zu befürchten, dass der chinesische Export seltener Erden früher oder später ganz eingestellt wird. Doch schon Kupfer wurde in den letzten Jahren aufgrund gestiegener Nachfrage immer teurer.

Im Gegensatz dazu gibt es Großgeneratoren – wie sie beispielsweise in Wasserkraftwerken eingesetzt werden –, die **mehrere 100 Megawatt** an Strom produzieren und dabei nur einen Bruchteil der Rohstoffe benötigen, die ein Windpark bei gleicher Leistung verbraucht. Hinzu kommt, dass seltene Erden mit giftigen Chemikalien aus Erdboden und Gesteinsschichten gewaschen werden, was sich negativ auf Umgebung und Tierwelt auswirkt. So sauber, wie man im ersten Moment vermuten mag, ist Windenergie also nicht, erst recht nicht, wenn man berücksichtigt, dass die

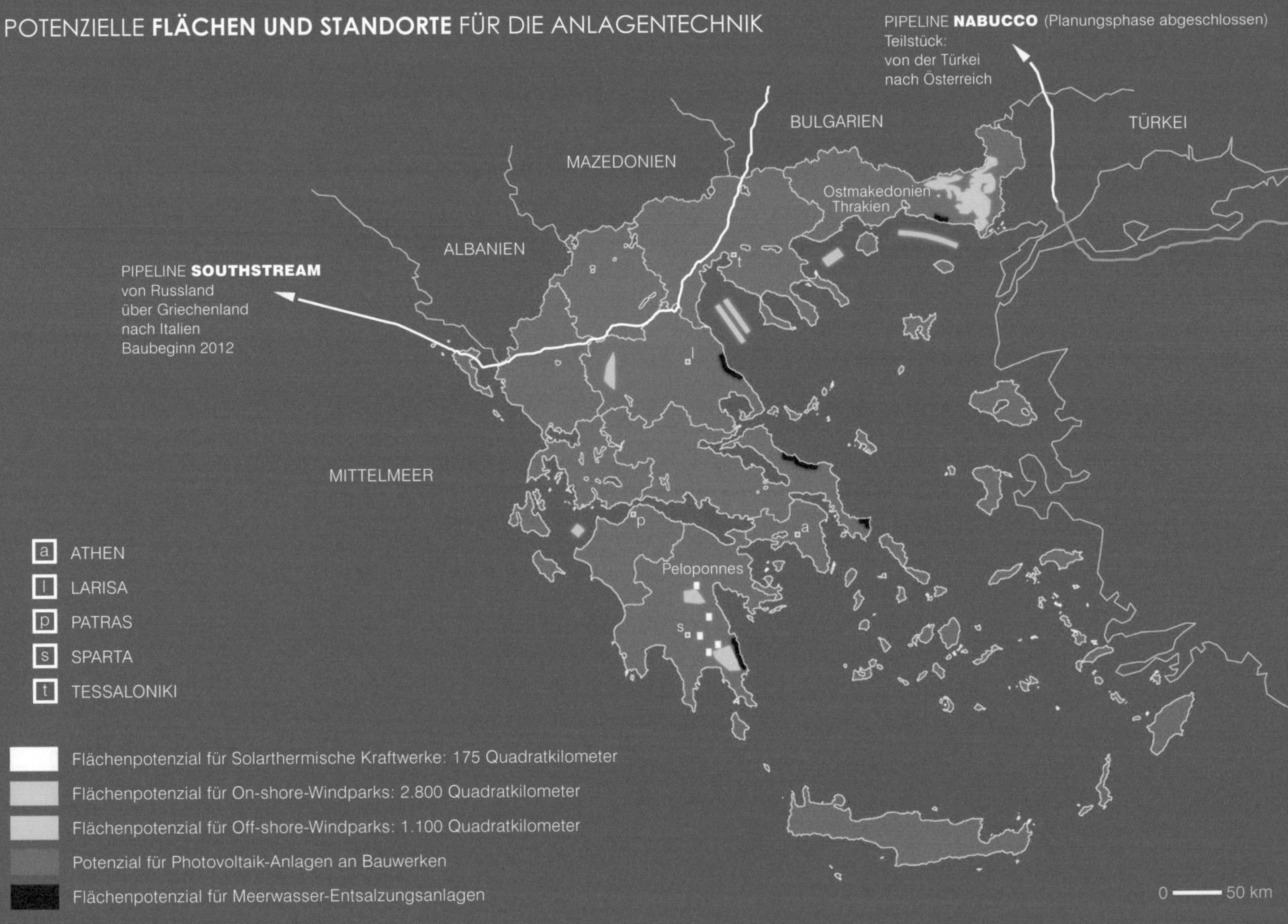
POTENZIELLE FLÄCHEN UND STANDORTE FÜR DIE ANLAGENTECHNIK
PIPELINE NABUCCO (Planungsphase abgeschlossen)
Teilstück:
von der Türkei
nach Österreich
BULGARIEN
TÜRKEI
MAZEDONIEN
Ostmakedonien
Thrakien
ALBANIEN
PIPELINE SOUTHSTREAM
von Russland
über Griechenland
nach Italien
Baubeginn 2012
t
l
MITTELMEER
p
a
Peloponnes
s
a ATHEN
l LARISA
p PATRAS
s SPARTA
t TESSALONIKI
Flächenpotenzial für Solarthermische Kraftwerke: 175 Quadratkilometer
Flächenpotenzial für On-shore-Windparks: 2.800 Quadratkilometer
Flächenpotenzial für Off-shore-Windparks: 1.100 Quadratkilometer
Potenzial für Photovoltaik-Anlagen an Bauwerken
Flächenpotenzial für Meerwasser-Entsalzungsanlagen
0 50 km

Anlagen nur eine stark begrenzte Haltbarkeit haben und daher bereits nach wenigen Jahrzehnten durch neue ersetzt werden müssen. Die Haltbarkeit von Windkraftanlagen wird heute auf mindestens 20 Jahre prognostiziert. Sie kann aber noch nicht abschließend beurteilt werden, da Windkraftanlagen aktueller Bauweise und Leistung erst seit wenigen Jahren in Betrieb sind. Laut Expertenmeinung kann die Lebensdauer heutiger Windkraftanlagen deutlich länger sein als 20 Jahre, fach- und sachgerechte Handhabung und Wartung vorausgesetzt – was auch den Austausch von Verschleißteilen beeinflusst!
Auch wenn die Windenergie auf Basis heutiger Technologie eine wichtige Rolle spielt und in den nächsten Jahren und Jahrzehnten weiter spielen wird, so ist notwendigerweise weiterhin nach Alternativen der regenerativen Stromproduktion zu suchen. Mit der Nutzung von Sonnenenergie hat man bereits heute eine adäquate Alternative, die sich speziell für Griechenland aufgrund der klimatischen Verhältnisse besonders anbietet. Aufgrund landschaftlicher Merkmale lässt sich Solartechnik dort jedoch nur in wenigen Regionen einsetzen. Für die nächsten Jahrzehnte ist deshalb zunächst ein Mix aus Solar- und Windtechnik anzustreben, zumal sich bestimmte Regionen Griechenlands vorzüglich für den Einsatz der Windenergietechnik eignen. So wird für den Einsatz der Windenergie in erster Linie die nord-östliche, an die Türkei angrenzende Region Thrakien vorgeschlagen und für die Nutzung der Solarenergie in erster Linie die peloponnesische Halbinsel.

SONNENSTROM IST MEHR ALS PHOTOVOLTAIK

Für die kommerzielle Stromproduktion aus Sonne stehen heute zwei technologische Hauptrichtungen zur Verfügung – zum einen die allseits bekannte Photovoltaik (PV) und zum anderen die Solarthermie. Gesichtspunkte, auf die beide Technologien untersucht werden müssen, sind in erster Linie der Wirkungsgrad, die Investitionskosten, der Rohstoffverbrauch, die Emissionen bei der Herstellung und die Haltbarkeit.
Im Bereich der Photovoltaik gibt es ähnlich wie bei der Solarthermie mehrere technische Verfahrensmöglichkeiten.
Die Photovoltaik erzeugt elektrischen Strom über die direkte Umwandlung der Energie des Sonnenlichts. Dies geschieht mit Hilfe einer Schicht aus speziellen Metallen und Halbmetallen beziehungsweise Legierungen, und zwar über den so genannten photoelektrischen Effekt. Zu den Vorteilen dieser Technologie zählt, dass die entsprechenden, aus einzelnen Solarzellen bestehenden Module nach ihrer Fertigstellung einfach zu handhaben und leicht zu montieren sind. Da sie direkt nach der Montage ohne nennenswerten Zusatzaufwand auch in geringen Stückzahlen sofort Strom produzieren, eignen sie sich besonders gut für die Montage an Dachflächen und anderen Bauwerksteilen. Neuere Technologien im Bereich der Photovoltaik, die größtenteils erst in einigen Jahren Marktreife erlangen, können beispielsweise auf Fensterglas aufgedampft werden, gelten aber heute hinsichtlich des

Wirkungsgrads im Vergleich zu konventionellen Solarzellen als noch nicht konkurrenzfähig.
Derzeit übertreffen sich die einzelnen Hersteller durch das Aufstellen immer neuer Wirkungsgrad-Rekorde, die jedoch meist nur unter Laborbedingungen erzielt werden können. Die dargestellten Maximalwirkungsgrade werden bei der Verwendung im kommerziellen und großen Maßstab meist nicht erreicht, denn was hier ausschlaggebend ist, ist der durchschnittliche Jahreswirkungsgrad, das heißt, wie viel Prozent der eingestrahlten Solarenergie ein Modul über das Jahr betrachtet tatsächlich in elektrische Energie umwandelt.

PHOTOVOLTAIK: DIE EFFIZIENZ SINKT

Unabhängig von den unterschiedlichen klassischen, neuen und zukunftsorientierten Solarzellentypen haben alle das Problem, dass die Lebensdauer und damit die Funktionstüchtigkeit selbst bei qualitativ hochwertigen Komponenten nur bei rund 30 Jahren liegt. Nach einer 2009 veröffentlichten Studie des Fraunhofer-Institut für Solare Energiesysteme (ISE) beträgt die Lebensdauer des in Deutschland mit einem Marktanteil von rund 50 Prozent am häufigsten eingesetzten Solarzellentyps der polykristallinen Siliziumzelle lediglich 20 Jahre. Dieser Solarzellentyp ist mit einem für Deutschland durchschnittlichen Jahreswirkungsgrad von rund 14 Prozent zwar weniger gewinnträchtig als die hierzulande an zweiter Stelle stehende monokristalline Siliziumzelle (Marktanteil rund 40 Prozent; durchschnittlicher Jahreswirkungsgrad rund 16 Prozent). Die polykristalline Zelle ist jedoch aufgrund eines deutlich geringeren Energieeinsatzes bei der Herstellung auch deutlich billiger zu haben und entspricht jener Technik, die im für Griechenland in Entwicklung befindlichen (und baulich – ohne uns zu fragen – leider bereits begonnenen) Helios-Projekt eingesetzt wird.
Zum nachteilhaften Faktor Haltbarkeit kommt die Tatsache, dass Photovoltaikzellen bei zunehmender Umgebungstemperatur an Leistung verlieren. Im Sinne einer klaren Vergleichsgröße werden Photovoltaikzellen bei einer Umgebungstemperatur von 25 Grad Celsius getestet, und exakt auf diese Temperatur beziehen sich die angegebenen Wirkungsgrade.
Nun ist es bei kristallinen Modulen so, dass ihre Leistungsfähigkeit mit jedem zusätzlichen Grad der Umgebungstemperatur um rund 0,5 Prozent abnimmt. In südlichen Ländern, wo unter direkter Sonneneinstrahlung schnell Oberflächentemperaturen von 70 Grad Celsius erreicht werden, ist daher vom Einsatz der mono- und polykristallinen Solarzellentechnik dringend abzuraten. Bereits bei 50 Grad Umgebungstemperatur sinkt die Leistungsfähigkeit der mit Helios geplanten polykristallinen Zelle demnach um mehr als zwölf Prozent, wodurch aus dem Wirkungsgrad von ursprünglich 14 Prozent ein Wirkungsgrad von rund zwölf Prozent wird (bei 70 Grad sind es nur noch zehn Prozent). Selbst bei den neueren Dünnschicht-Solarzellen wie beispielsweise den so

bezeichneten CdTe- oder CIGS-Halbleiterzellen ist mit Leistungseinbußen von rund 0,25 Prozent pro Grad Umgebungstemperatur über 25 Grad Celsius zu rechnen. Dünnschichtzellen wie beispielsweise CIGS-Halbleiterzellen haben zwar den Vorteil, erheblich weniger Rohstoff- und Herstellungsaufwand zu benötigen, da sie jedoch anstelle von Silizium andere Rohstoffe wie beispielsweise Indium und Gallium benötigen, gelten ihre weltweiten Rohstoffvorräte bereits heute als begrenzt. Beim Indium wird zwischen 2025 und 2035 mit einem Versiegen der Quellen gerechnet. Die maximalen Modulwirkungsgrade heute marktreifer Dünnschichtzellen belaufen sich dabei lediglich auf zehn bis zwölf Prozent. CIGS steht für Kupfer, Indium, Gallium und Schwefel und CdTe bedeutet Cadmiumtellurid.

Zu den negativen Aspekten Haltbarkeit und Umgebungstemperatur kommt für die Photovoltaik hinzu, dass die Leistungsfähigkeit auch mit zunehmendem Alter abnimmt, was selbst bei der Alternative zur polykristallinen Helios-Variante, der kostengünstigsten amorphen Silizium-Dünnschichtzelle (Wirkungsgrad lediglich fünf bis sieben Prozent), der Fall ist.

Das Deutsche CleanTech Institut gab erst im Januar 2011 mit der Publikation » Branchenführer PV 2011 « folgende Ergebnisse bekannt: » Über die Jahre sinkt bei jeder Photovoltaikanlage der Wirkungsgrad und damit auch der Stromertrag ab. Einige Degradationsursachen können bei allen Technologietypen auftreten, andere wiederum sind für einzelne Technologien typisch. Für alle Modultypen und unabhängig von der verwendeten Technologie gilt, dass beispielsweise die Korrosion des Schutzglases oder Moosbildung auf der Moduloberfläche den Wirkungsgrad der Module deutlich absenken können. Gleiches gilt auch für die Korrosion der Zellen in Folge von eindringender Feuchtigkeit. Die aufgeführten Einflüsse auf die Degradation zeigen, dass die Degradation nicht allein technologieabhängig ist: Die Hersteller können vielmehr durch die Art der verwendeten Materialien, den jeweiligen Herstellungsprozess und die Qualitätskontrolle Einfluss auf den Grad der Degradation nehmen. Auch das auf die Module treffende Licht löst, in erster Linie bei kristallinen Modulen und bei Zellen aus amorphem Silizium, eine Degradation aus. Dabei handelt es sich nicht um einen Fehler, sondern um eine technologietypische Erscheinung... Bei kristallinen Solarzellen sinkt nach einer Anfangsdegradation von bis zu zwei Prozent der Wirkungsgrad über den Nutzungszeitraum relativ kontinuierlich je nach Datengrundlage mit rund 0,2 Prozent [DGS: 2008, S. 294] bzw. mit rund 0,1 bis 1 Prozent [Vaaßen: 2005, S. 6f] jährlich ab. «

Zu den Nachteilen der Photovoltaik zählen also Leistungseinbußen aufgrund hoher Umgebungstemperaturen, Leistungseinbußen aufgrund zunehmenden Alters, die internen Systemverluste und die begrenzte Haltbarkeit.

Sofern der als Gleichstrom erzeugte Photovoltaik-Strom auch als Gleichstrom genutzt wird, betragen die Systemverluste laut Fraunhofer Institut rund sieben Prozent. Muss dieser Gleichstrom jedoch in Wechselstrom um-

gewandelt werden, um ihn in unser heutiges öffentliches Stromnetz einspeisen zu können, kommen nochmals fünf Prozent Leistungsverlust hinzu, insgesamt also zwölf Prozent.
Auf Basis der angeführten Gesichtspunkte entstünde aus dem Anfangswirkungsgrad eines Solarfeldes aus polykristallinen Siliziummodulen nach zehn Jahren und bei einer Umgebungstemperatur von 70 Grad Celsius unter normaler Sonneneinstrahlung ein Gesamtwirkungsgrad von nur noch neun Prozent (obwohl mit 14 Prozent angepriesen), wobei dieses Solarfeld laut Fraunhofer Institut bereits nach 20 Jahren unbrauchbar wäre. In Fachkreisen ist man sich heute zudem einig, dass die deutlich kostengünstigeren Photovoltaik-Module aus Asien Gefahr laufen, bereits nach zehn Jahren unbrauchbar zu sein.
Der durch PV-Zellen hergestellte Strom ist heute aufgrund der hohen Herstellungskosten der Solarzellen fünf- bis zehnmal so teuer wie Strom aus fossilen Energieträgern. Die so genannten Stromgestehungskosten von Photovoltaik-Dachflächenanlagen in Deutschland und Spanien bewegten sich 2009 zwischen 21 und 40 Cent pro Kilowattstunde und sinken bis 2020 voraussichtlich auf Werte zwischen sieben und 21 Cent.

ALTERNATIVEN FÜR DEN SÜDEN

Der große Vorteil der Photovoltaik hingegen kann vor allem in Regionen mit geringerer Sonneneinstrahlung ausgenutzt werden, nämlich die technische Gegebenheit, dass hier vor allem diffuses Sonnenlicht (z.B. aufgrund bewölkten Himmels) mit zunehmend technischem Fortschritt immer besser genutzt werden kann. Dieser Aspekt kann für südliche Länder jedoch nicht gelten.
Vorerst wird die Photovoltaik im kleineren Maßstab und vor allem in weniger sonnenreichen Regionen weiterhin von großem Nutzen sein und den notwenigen Energiemix vor allem innerhalb so genannter Inselanlagen (elektrische Verkehrsschilder, energieautarke Gebäude etc.) umweltfreundlich ergänzen. Schlussfolgernd bleibt dabei jedoch zu bekräftigen, dass die Photovoltaik vor allem in südlichen Ländern erhebliche Nachteile mit sich bringt, will man damit regenerativen Strom erzeugen. Aufgrund der begrenzten Haltbarkeit, der Systemverluste, des Ressourcenverbrauchs sowie der Emissionen bei der Herstellung sollte die Anwendung der Photovoltaik in südlichen Ländern innerhalb großer Freiflächenkraftwerke vermieden und durch alternative Technologien der solaren Energiegewinnung ersetzt werden.
Für die solare Stromproduktion für die Prozesse des H2-Energiekonzepts stellt sich damit also die Frage nach der Alternative zur Photovoltaik.

Die Alternative heißt Solarthermie.

Unter Solarthermie versteht man die Umwandlung von Sonnenenergie in nutzbare thermische Energie, also

Wärme. Solarthermische Energiegewinnung kann sowohl im kleinen als auch im großen Maßstab stattfinden. Kleinanlagen, die fließendes Wasser erwärmen, sind hinreichend bekannt, doch reicht diese Technik heute kaum aus, um damit effizient Strom zu erzeugen. Die Stromerzeugung im großtechnischen Maßstab hingegen wird heute meist durch Technologien bewerkstelligt, die konzentriertes Sonnenlicht nutzen, um damit Flüssigkeit auf Temperaturen von bis zu 500 Grad Celsius zu erhitzen beziehungsweise zu verdampfen. Der so entstehende Dampf wird schließlich genutzt, um mittels Turbinen und Generatoren Strom zu erzeugen. Diese Art der Solarthermie wird CSP genannt (Concentrated Solar Power = konzentrierte Sonnenenergie).

Alle im CSP-Bereich angegebenen Wirkungsgrade beziehen sich auf das Verhältnis aus solarer Einstrahlung und tatsächlich nutzbarem Strom, unterliegen also nicht zusätzlichen Systemverlusten wie bei der Photovoltaik.

Die Haltbarkeit von CSP-Anlagen ist in etwa mit der Lebensdauer konventioneller Kraftwerke gleichzusetzen. So gibt es Kohlekraftwerke, die bereits seit mehr als 50 Jahren, und Wasserkraftwerke, die bereits seit über 100 Jahren ihren Dienst tun. Die ältesten bestehenden kommerziell genutzten CSP-Anlagen stehen im kalifornischen San Bernardino County und liefern seit nunmehr 28 Jahren Strom mit gleichbleibender Leistung. Im Gegensatz zur Photovoltaik nimmt die Leistungsfähigkeit bei der Solarthermie mit zunehmender Außentemperatur zu, und alterungsbedingte Verluste können – sofern diese überhaupt auftreten – aufgrund der recht überschaubaren Technik mit einfachen und kostengünstigen Mitteln behoben werden. Fortschrittsbedingte Leistungssteigerungen sind hier zudem durch das Erneuern von Teilkomponenten möglich, wohingegen bei der Photovoltaik das gesamte System ersetzt werden muss.

Trotz der genannten Vorteile gegenüber der Photovoltaik sind die Investitionskosten von CSP-Kraftwerken nicht höher als bei Photovoltaik-Kraftwerken.

SO SIMPEL WIE EFFIZIENT

Ein häufig vorgetragenes Argument gegen den Einsatz von CSP ist dabei nach wie vor, dass sie, wie man noch sehen wird, auf » alter « Technologie basiert. Dabei sollte jedoch nicht vergessen werden, dass auch das Rad eine » alte Technologie « darstellt, die sich noch heute größtmöglicher Popularität erfreut.

Heutige Sonnenwärmekraftwerke erreichen je nach Bauart deutlich höhere Wirkungsgrade als Photovoltaikanlagen, haben dabei jedoch höhere Betriebs- und Wartungskosten und erfordern eine bestimmte Mindestgröße. Sie sind nur in besonders sonnenreichen Regionen der Erde wirtschaftlich einsetzbar. Zudem kann bei der CSP überschüssige Wärme gespeichert werden, wodurch das Kraftwerk auch im Dunkeln Strom produzieren kann. Allerdings benötigt die heute gängige, auf flüssigem Salz basierende Wärmespeichertechnik eine meist auf Gas basierende Zusatzbefeuerung, die dem Gasproduktionsaspekt des H2EK klar entgegensteht. Die Gasfeuerung wird während jener Betriebsphasen nötig, wo aufgrund zu geringerer Sonneneinstrahlung eine Mindestbetriebstemperatur des Salzspeichers unterschritten würde. In dieser Situation würde sich das flüssige Salz verhärten und die Speicheranlage unbrauchbar machen. Fakt ist, dass die Zusatzbefeuerung mit Gas über das gesamte Jahr betrachtet an rund 4.000 Betriebsstunden nötig wäre, und das nur, um Gas zu produzieren, das wiederum zu einem nicht unerheblichen Anteil für die Zusatzbefeuerung benötigt wird. Inwiefern sich das lohnen kann, müssen Wirtschaftlichkeitsrechnungen zeigen. Von der auf flüssigem Salz basierenden Wärmespeichertechnik wird vorerst jedoch abgeraten und ein Rückgriff auf alternative Wärmespeichertechnologien empfohlen, sofern eine Nachtstromproduktion und damit eine Nachtgasproduktion erwünscht ist.

SOLARTHERMISCHE KRAFTWERKSTECHNOLOGIEN

Die heute wohl gängigste Anwendungsform der CSP-Technologie stellt das **Parabolrinnenkraftwerk** dar, dessen Weiterentwicklung das so genannte **Fresnel-Kraftwerk** ist. Weitere wichtige, ebenfalls bereits kommerziell genutzte Anwendungsformen im Bereich der Solarthermie sind das **Sonnenturmkraftwerk** und das **Dish-Sterling-System**. Das Sonnenturmkraftwerk bietet den Vorteil, dass hier – wie bereits beim Thema der solarthermischen Wasserspaltung erwähnt – Prozesstemperaturen von 1.000 Grad Celsius und mehr erreicht werden können, was unter anderem bei der sehr effizienten Hochtemperaturelektrolyse eine entscheidende Rolle spielt. Leider befindet sich die Hochtemperaturelektrolyse (= nicht solare Wasserspaltung) nach wie vor in der Entwicklung und ist damit noch nicht als marktreif zu betrachten. Mit einem Wirkungsgrad von 90 Prozent wäre sie dabei der konventionellen (alkalischen) Elektrolyse energetisch überlegen.

Die in Megawatt bemessene Leistungsfähigkeit der Prozessanlagen innerhalb eines Solarturms kann interessanterweise vergrößert werden, ohne zwingend die Größe des solaren Spiegelfeldes zu erhöhen. Das macht Solarturmkraftwerke hinsichtlich des Flächenverbrauchs recht effizient und flexibel.

Parabolrinnenkraftwerke hingegen sind heute weltweit kommerziell im Einsatz. Neben der Weiterentwicklung zu Fresnel-Kraftwerken wurde auch das Parabolrinnenkraftwerk intern laufend weiterentwickelt. Neben neuen Materialkonzepten, beispielsweise hinsichtlich einer notwendigen Antireflexbeschichtung, wird aufgrund höherer Effizienz, geringerer Gesamtinvestitionskosten und des Verzichts auf umweltschädliche Substanzen neuerdings die Technologie der **Direktverdampfung** (DSG) anstelle des so genannten Thermoöls (SEGS) bevorzugt! Vereinfacht ausgedrückt zirkuliert bei der Direktverdampfung innerhalb

einer Rohrleitung (Absorberröhre) Wasser, das bei einer Temperatur von mehreren 100 Grad Celsius verdampft und am Ende eine Turbine mit angeschlossenem Stromgenerator antreibt.
Die mit aktueller Technologie erzielbare Prozesstemperatur von rund 500 Grad Celsius am Solarfeldaustritt wird innerhalb des Absorberrohres erreicht, das von einem in einer Richtung gekrümmten Spiegel umgeben ist. Der gekrümmte Spiegel erstreckt sich in mehreren Reihen über das gesamte Solarfeld und mit ihm das im Brennpunkt mitgeführte, mit Wasser bzw. Dampf gefüllte Absorberrohr. In der Brennlinie, also am Absorberrohr, konzentriert sich das Sonnenlicht.
Der jährliche Gesamtwirkungsgrad von Parabolrinnenkraftwerken, die vor einigen Jahren entwickelt wurden und heute in Betrieb sind, beläuft sich auf durchschnittlich 14 Prozent hinsichtlich des Verhältnisses zwischen 100 Prozent Sonneneinstrahlung (DNI) und 14 Prozent Gleichstromerzeugung. Auf dem afrikanischen Kontinent werden mit dieser Technik heute mehr als 16 Prozent im Jahresdurchschnitt erzielt. Bereits unter Einsatz heutiger, neu entwickelter Materialkonzepte bei Absorberrohr und Parabolspiegel werden Wirkungsgrade von 20 bis 23 Prozent erwartet.
Alles in allem beinhaltet das Konzept des Parabolrinnenkraftwerks mit Direktverdampfung größtenteils Low-Tec, also Technologie, die auf recht einfachen Mitteln basiert. Dieser Aspekt fällt beim Fresnel-Kraftwerk sogar noch stärker ins Gewicht, da hier unter anderem auf gekrümmte Spiegel und die zweischichtige Absorberröhre verzichtet wird. Die Verwendung von Flachspiegeln beim Fresnel-Kraftwerk vereinfacht das Solarfeld deutlich. Laut Novatec Solar bietet das lineare Fresnel-Design im Vergleich zur Parabolrinne folgende Vorteile: Geringere Baukosten und vereinfachte Montage, schnell ausbaubare Produktionskapazitäten, geringere Anfälligkeit gegenüber Windschäden, höhere Effizienz bei der Landnutzung, geringere Reflektorverschattung durch den so genannten Receiver (die Absorberröhre), vollautomatisierte Herstellung von Schlüsselkomponenten, Verwendung kleinerer Motoren für die Drehung der Reflektorspiegel durch leichtere Konstruktion, kein Nachführen des Receivers erforderlich, sehr geringer Wasserverbrauch aufgrund automatischer Reinigungstechnologie.
Die wesentlichen Nachteile von Fresnel-Kraftwerken sind allerdings der höhere Rohstoffverbrauch und entsprechend mehr Emissionen bei der Herstellung, was in erster Linie auf den höheren Stahlverbrauch zurückzuführen ist. Der deutlich geringere Wirkungsgrad von rund zehn Prozent im Vergleich zur Parabolrinne wiegt hier allerdings auf den ersten Blick schwerer.
Mit einer Ausnahme ist die Parabolrinnen-Technologie im Vergleich zu anderen Verfahren der solaren Energiegewinnung – einschließlich Photovoltaik- und Fresnel-Technologie – die am wenigsten emissions- und ressourcenintensive. Nur das so genannte Dish-Sterling-System, das etwas bessere Rohstoff- und Emissionswerte erzielt, erreicht eine noch bessere Bilanz. Es ist aufgrund des hohen Preises für den kommerziellen

Einsatz heute jedoch noch nicht interessant. Hinsichtlich des durchschnittlichen Jahreswirkungsgrades von derzeit 23 Prozent (Maximum: 31,25 Prozent) gilt das Dish-Sterling-System als hocheffizient und hat das Potenzial, die nachteilbehaftete Photovoltaik bereits in wenigen Jahren vom Markt zu verdrängen, zumindest bei heutigem Stand der kommerziellen Photovoltaik-Technologie. Das Dish-Sterling-System arbeitet nach einem einfachen Prinzip. Im Brennpunkt eines Parabolspiegels liegt eine Art Kolbenmotor, der lediglich durch konzentrierte Sonnenwärme betrieben wird und dabei mittels eines kleinen Generators Strom erzeugt.

ZWEI SOLARE KRAFTWERKSTYPEN FÜR DAS H2EK

Für die Prozesse des H2-Energiekonzepts sind damit heute zwei Alternativen der kommerziellen und nachhaltigen solaren Stromproduktion mit einem konkurrenzfähigen Kosten-Nutzen-Verhältnis einsatzbereit: das Parabolrinnen- und das Fresnel-Kraftwerk. Das Fresnel-Kraftwerk hat dabei aufgrund des geringeren Wirkungsgrads und der etwas schlechteren Rohstoff- und Emissionswerte auf den ersten Blick Nachteile gegenüber der Parabolrinne. Bei genauer Betrachtung fällt jedoch auf, dass die Fresnel-Technologie zwar mehr Kollektorfläche benötigt, um den schlechteren Wirkungsgrad auszugleichen, insgesamt aber mit deutlich weniger Gesamtfläche auskommt als Parabolrinnenkraftwerke. Da mit der Fresnel-Technologie rund 70 Prozent der Landfläche eines solaren Kollektorfeldes effektiv genutzt werden können und bei der Parabol-Variante nur rund 30 Prozent, nutzt das Fresnel-System bei gleicher Landfläche deutlich mehr Sonnenlicht und erzeugt damit deutlich mehr regenerativen Strom (trotz des geringeren Wirkungsgrades).
Die Baukosten für die Fresnel-Variante liegen aufgrund einfacher strukturierter Bauteile um bis zu 20 Prozent unter denen von Parabolrinnenkraftwerken, und das bei gleicher Leistung. Vom Kosten-Nutzen-Standpunkt aus betrachtet macht das Fresnel-Kraftwerk somit eindeutig mehr Sinn. Hinsichtlich der Rohstoff- und Emissionswerte allerdings wiederum nicht.
Ausschlaggebend für die richtige Wahl kann hierbei der Wunsch nach landwirtschaftlich nutzbarer Fläche für die Bodenbewirtschaftung sein, denn unter Fresnel-Kollektoren lässt sich Landwirtschaft betreiben und damit die zur Verfügung stehende Fläche doppelt nutzen. Die Möglichkeit einer grundwasserschonenden Bewässerung ist hier aufgrund des Wassers für die Elektrolyse (und von der Methanisierung) ohnehin vorhanden. Der Einsatz aktueller Kühltechnologie bei der solarthermischen Stromproduktion sorgt außerdem dafür, dass – im Gegensatz zu den in Spanien errichteten CSP-Kraftwerken (Andasol 1 bis 3) – auf die Zuführung von Kühlwasser verzichtet werden kann.
Die Kollektoren können auf Basis einer entsprechenden Unterkonstruktion mehrere Meter über dem Boden installiert werden und so für den nötigen

Halbschatten in Regionen des so genannten Sonnengürtels der Erde sorgen. Zum Sonnengürtel gehören Länder wie Portugal, Spanien, Italien und eben Griechenland. Neben der Viehzucht kann hier auch die Produktion pflanzlicher Biomasse erwogen werden.
Der landwirtschaftsbedingte Wasserverbrauch könnte dabei von vornherein erheblich reduziert werden, indem der nutzbare Boden mit superabsorbierendem Granulat vermengt würde.
Superabsorber sind Stoffe, die in der Lage sind, ein Vielfaches ihres Eigengewichts (bis zum 1000-Fachen) an Flüssigkeit aufzusaugen, und können bereits heute aus nachwachsenden Rohstoffen gewonnen werden. So kann Wasser am Verdunsten gehindert werden und den im Boden gedeihenden Wurzeln länger zur Verfügung stehen. Der entsprechende auf nachwachsenden Rohstoffen basierende Superabsorber wurde bereits in den 1990er Jahren von der Universität Osnabrück entwickelt und später vom Forstwissenschaftlichen Institut der Universität Göttingen auf dessen Einsatz in der Landwirtschaft hin untersucht – mit großem Erfolg. Derzeit wird nach einem Investor gesucht.
Unter dem Aspekt der doppelten Landnutzung macht es also durchaus Sinn, der Fresnel-Technologie den Vorzug zu geben. Die Kombination von Stromerzeugung und Wasserentsalzung ist bei der Fresnel-Technologie dabei durchaus möglich. Je nach Bedarf ist die wohl günstigste Einbindung der Entsalzungsanlage (laut Herrn Andreas Fischer von Novatec Solar) nach der Turbine, also an der Stelle, an der normalerweise der Kondensator sitzt. Dadurch wird die Energie genutzt, die bei den herkömmlichen Verfahren im Kondensator » verloren « geht!

SONNENSTROM ZU ÜBERSCHAUBAREN PREISEN

Die Kosten für die Anlagen sind für die Gesamtbilanz der regenerativen Stromproduktion ausschlaggebend. Diese bestimmen in erster Linie den Preis für regenerativen Strom. Auf Basis solarthermischer Kraftwerke bewegten sich die Stromgestehungskosten 2009 europaweit zwischen 14 und 35 Cent pro Kilowattstunde. Bereits bis 2020 sind unter Beibehalt der bisherigen Entwicklung für Parabolspiegelkraftwerke in Spanien Stromgestehungskosten zwischen 6,64 und 9,23 Cent prognostiziert. Doch schon allein aufgrund des gesteigerten Anlagenbedarfs und des damit einhergehenden Anstiegs der Produktionskapazitäten könnten diese Werte mit der Verwirklichung des H2-Energiekonzepts bereits bis 2020 um rund 25 Prozent nach unten korrigiert werden. Schon innerhalb der nächsten 30 Jahre wird aufgrund knapper werdender Ressourcen und teurer werdender Umweltschäden mit einem deutlichen Anstieg der Kosten für fossile Energien gerechnet, und schon während der Amortisationszeit des H2EK ist mit einer Angleichung der regenerativen Stromkosten an die fossilen zu rechnen, doch unter Betrachtung der aktuellen Stromgestehungskosten auf Basis neu zu errichtender konventioneller (fossiler) Kraftwerke ist das bereits in der Anfangsphase des H2EK der Fall. In der Vergangenheit wurden für die Berechnung der Stromgestehungskosten konventioneller Kraftwerke meist nur der Rohstoffbedarf (z.B. Braunkohle) berücksichtigt, wohingegen für die Stromgestehungskosten regenerativer Kraftwerke die Baukosten einbezogen wurden! Diesem Äpfel-Birnen-Vergleich wurde mit einer Studie des deutschen Instituts für Wirtschaftsforschung im Jahr 2010 ein Ende gemacht. Die (baukostenabhängigen) **Stromgestehungskosten konventioneller Kraftwerke** (Cent pro Kilowattstunde) liegen folglich rund doppelt so hoch, wie jahrelang angenommen:

BRAUNKOHLE 8,8 - 9,7 Ct/kWh
STEINKOHLE 10,4 - 10,7 Ct/kWh
ERDGAS 10,6 - 11,8 Ct/kWh
KERNENERGIE* 10,7 - 12,4 Ct/kWh

* Nicht berücksichtigt sind hier die immensen Kosten, welche durch die Entsorgung des Atommülls entstehen. Die hierfür anfallenden Milliardenbeträge werden in der Regel nicht von Energiekonzernen, sondern durch Steuergelder finanziert!

Da es beim H2-Energiekonzept primär um die Produktion von Gas auf Basis von Wasser geht, das mit Strom in seine Bestandteile zerlegt wird, liegt der Schluss nahe, dass sich die vorerst noch über dem fossilen Strompreis liegenden Stromgestehungskosten aus der Solarthermie (bzw. aus der Windkraft) negativ auf den Gaspreis auswirken. Wie man im nächsten Kapitel jedoch sehen wird, ist dies aufgrund eines besonderen Finanzierungsmodells nicht der Fall.

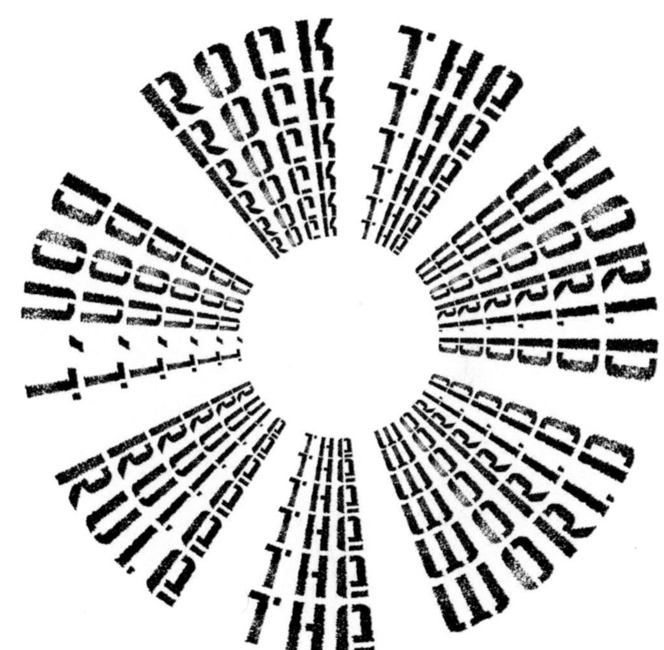

8. Wirtschaftspolitische Weichenstellung und bürgernahe Wertschöpfung

Um das H2-Energiekonzept zügig und reibungslos umzusetzen und die finanzielle Wertschöpfung des griechischen Staates (Volkes) abzusichern, sind klare wirtschaftspolitische Vorgaben notwendig. Griechische und zum Teil auch außergriechische Genehmigungsverfahren müssen beschleunigt und geglättet werden, damit eine zügige Umsetzung des H2EK gelingt. Dies ist ebenso Grundvoraussetzung wie die transparente und zielführende Verwendung staatlicher Investitionen. Diese und ähnliche Aspekte werden derzeit – wie in den ersten Kapiteln beschrieben – so weit wie möglich geprüft und gewährleistet. Der politische Wille ist also Bedingung für die Verwirklichung des H2-Energiekonzepts für Griechenland und Europa, die klare Entscheidung für die im Folgenden angeführten wirtschaftspolitischen Übergangsregelungen ist unabdingbar. Sie haben dem H2-Energiekonzept für Griechenland und Europa den Weg zu ebnen, und zwar über einen Zeitraum von mindestens fünf Jahren.

1. DAS AUFBAU-SICHERUNGSGESETZ:

Für einen festgeschriebenen Zeitraum soll sichergestellt werden, dass der Auf-, Aus- und Umbau von Beginn an wirtschaftlich, lukrativ und zeitlich effizient ist. Zudem soll verhindert werden, dass Gewinne in großem Maßstab durch international agierende Investoren ausgeschleust werden. Das Instrument hierfür ist die geregelte Vergabe von Krediten unter einmaligen Konditionen an eine bestimmte Auswahl an Interessenten:

a. Zinslose Darlehen mit mittleren Laufzeiten an produzierende Unternehmen für den Aufbau von Produktionsstätten in Griechenland. Gesamtvolumen: drei Milliarden Euro.

b. Zinslose Darlehen mit langen Laufzeiten für inländische Betreiberkonsortien, die beispielsweise aus griechische Kleinbauern, Studenten und dem jungen, griechischen Mittelstand bestehen. Gesamtvolumen: 27 Milliarden Euro. Die Kreditlaufzeit entspricht dabei der Amortisationszeit der Anlagen.

Normal verzinste Darlehen mit marktüblichen Laufzeiten (beispielsweise für national und international agierende Großinvestoren) werden aufgrund des Wertschöpfungsinteresses privater Banken ohnehin existieren.

2. DAS PROTEKTIONS-AUSNAHMEGESETZ:

Für einen festgeschriebenen Zeitraum soll sichergestellt werden, dass 100 Prozent der für den Aufbau der Anlagen und den Ausbau der technischen Infrastruktur notwendigen Bauteile und Materialien – soweit dies technisch machbar ist – in Griechenland selbst gefertigt werden. Dies bewirkt den Auf- und Ausbau der nötigen Betriebe und Montagewerke, beispielsweise für die Verarbeitung von Rohstoffen und für die Endmontage. Die Einwilligung in diese Regelung seitens entsprechender Unternehmen ist Grundlage für den Erhalt der unter Regelung 1 festgelegten Darlehen.

3. DAS TRANSPARENZGESETZ:

Das Transparenzgesetz soll alle (nach dem Aufbau-Sicherungsgesetz und dem Protektions-Ausnahmegesetz) engagierten Unternehmen und Konsortien dazu verpflichten, projektbezogene Informationen hinsichtlich Geldfluss und Projektfortschritt in einfach zugänglicher, klar strukturierter und gebündelter Weise in einem einheitlichen System zu veröffentlichen und in kurzen Intervallen zu aktualisieren. So kann das Risiko unerwünschter Geldströme minimiert werden. Dieses Gesetz sollte nach Möglichkeit deutlich länger Bestand haben als nur fünf Jahre.

4. DAS ARBEITNEHMER-AUSNAHMEGESETZ:

Die engagierten Unternehmen verpflichten sich, dass Arbeiter und Angestellte, die mit den Auf-, Aus- und Umbaumaßnahmen betraut sind, entweder im Besitz der griechischen Staatsbürgerschaft sind oder bereits vor Inkrafttreten der Ausnahmeregelungen einen Wohnsitz in Griechenland hatten.

5. DAS FLÄCHEN-AUSNAHMEGESETZ:

Für einen festgeschriebenen Zeitraum soll die zügige Bereitstellung der notwendigen Landflächen geregelt werden. Über einen Vorzug beim Erhalt von Beteiligungszuschlägen an Wind- und Solarstromerträgen und unter Berücksichtigung des Transparenzgesetzes können betroffene Grundbesitzer unbürokratisch in den innergriechischen Wertschöpfungsprozess eingebunden werden.

--

Sobald sich die Verantwortlichen der europäischen Politik auf die entsprechenden Übergangsregelungen verständigt und während der vorangegangenen Entscheidungs- und Optimierungsphase die dafür notwendige virtuelle Infrastruktur geschaffen haben (Kommunikationsplattform, Vertragsentwürfe, Projektformulare etc.), können Betreiber und Landbesitzer akquiriert und

kann die Bewerbungs- und Vorplanungsprozesse interessierter Unternehmen in die Wege geleitet werden. Bereits diese mit der Verabschiedung der Übergangsregelungen gefallene Entscheidung der europäischen Politik wird dabei das notwendige Signal an die » Spekulationsabteilungen der Finanzmärkte « aussenden, denn das H2EK bietet nicht nur die nötige Perspektive für den unabwendbaren wirtschaftlichen Aufstieg Griechenlands, sondern auch das für initiative Effekte notwendige Finanzvolumen innerhalb eines maßgeschneiderten gesetzlichen Rahmens. Wetten auf die Pleite Griechenlands gehören damit umgehend der Vergangenheit an.
Die Bausteine des H2-Energiekonzepts bilden neben der Neustrukturierung des griechischen Staatsapparates den notwendigen und angemessenen Rahmen für Investitionssicherheit, denn erstens und zweitens ist nun klar, wie und wo investiert werden muss, drittens wird deutlich, wer lukrative Kredite zur Verfügung stellt, und viertens, dass es sich um ein Geschäft handelt, das langfristig ein internationales Höchstmaß an Attraktivität gewährleistet und in hohem Maße zukunftsfähig ist, nämlich um das Gasgeschäft.

DIE ANLEGERSEITE: LANGFRISTIG SICHERE EINNAHMEN

Interessierte Unternehmen werden Anlagenbauer sein, die Windkraftanlagen herstellen, Sonnenkollektoren, Turbinen und Generatoren, Photovoltaikmodule für die Montage an Gebäuden, Elektrolyseure und Methanisierungsanlagen, Meerwasserentsalzungsanlagen sowie Gas- und Wassernetzanlagen und vieles mehr. Diese Unternehmen werden wissen, dass sie zwar an erster Stelle Fabriken aufzubauen haben, sich jedoch die dafür nötigen Gelder für einen Zinssatz von null Prozent mit überdurchschnittlich langen Laufzeiten von einer sicheren Quelle leihen können. Sie werden wissen, dass sie ihr Produkt produzieren und verkaufen werden, und das in großen Stückzahlen, und zwar über viele Jahre hinweg, und voraussichtlich nicht nur für Griechenland.
Damit sind schon einmal maximal drei Milliarden Euro seitens der EZB oder seitens einer europäischen Förderbank sicher und gut investiert. Was nun noch fehlt sind Akteure, die am Betrieb der Gasproduktionsanlagen und am Gewinn aus dem Betrieb dieser Anlagen interessiert und damit bereit sind, für den Erwerb dieser Anlagen Geld auszugeben.
Die Aufnahme von Krediten ist aufgrund der genannten Kostenvolumina unumgänglich, vor allem wenn es sich bei den Betreibern in erster Linie um griechische Bürger handeln soll, und nicht, wie bei Helios und leider auch zum Teil bei den 166 Projekten der EU, um einige wenige Großkonzerne.
Für den Erwerb der Anlagen sollen laut dem Aufbau-Sicherungsgesetz rund 27 Milliarden Euro zur Verfügung stehen. Diese Zahl ist ein Richtwert, der sich aus dem für den umfassenden wirtschaftlichen Aufschwung notwendigen Investitionsvolumen für alle

Prozessanlagen des H2EK und der daraus resultierenden Erträge ergibt. Der größte Anteil entfällt dabei auf die Kosten für den Aufbau von Solarthermischen Kraftwerken und Windparks. An zweiter Stelle stehen die Gasproduktionseinheiten mit Elektrolyseuren und Methanisierungsanlagen, gefolgt von Entsalzungsanlagen sowie Gas- und Wasserinfrastrukturen.
Da private Banken derartige für die Kreditnehmer sehr lukrative Kredite wohl kaum vergeben werden, sind diese Kredite, wie auch die Kredite an die produzierenden Unternehmen, von der EZB beziehungsweise von einer speziell eingerichteten Förderbank zu gewähren, und zwar in erster Linie an griechische Privatpersonen.

EINE BÜRGERINVESTITION

Das Finanzierungsmodell des H2-Energiekonzepts lässt sich anhand folgenden Beispiels verdeutlichen:

Gegeben ist eine Gasproduktionsanlage mit einem Investitionswert von **500 Millionen Euro** (Baukosten), die sich in Planung befindet. Die Anlage beinhaltet einen Komplex für die Meerwasserentsalzung, eine Wasserpipeline, ein solarthermisches Kraftwerk, eine Gasproduktionseinheit mit Elektrolyseuren und Methanisierungsanlage, eine Zufahrtsstraße für den CO2-Antransport und den Gas-Abtransport sowie gegebenenfalls die Teilstücke einer Gas- und einer CO2-Pipeline. Der Hauptanteil in Höhe von rund 400 Millionen Euro entfällt dabei auf das solarthermische Kraftwerk. Es beinhaltet das Fresnel-Kollektorfeld (solarer Dampferzeuger), Dampfspeicher, Luftkühler, Turbinen und Generator en (Strom-erzeuger).
Auch gegeben ist ein Konsortium aus 2.000 griechischen Bürgern, von denen jeder einzelne ein Interesse an einer jährlich ausgeschütteten Rendite hat. Hierzu erhält jeder von ihnen zunächst einen zinslosen Förderbankkredit in Höhe von 250.000 Euro. Um als kreditwürdig zu gelten, muss der Kreditnehmer neben der Volljährigkeit und der griechischen Staatsbürgerschaft nur diese eine Voraussetzung erfüllen: Er muss vertraglich akzeptieren, dass ein Verkauf seines Anteils bis zur vollständigen Amortisation der Gasproduktionsanlagen, also bis zum Zeitpunkt der vollständigen Kreditrückzahlung, nicht möglich ist. Weitere Voraussetzungen, wie beispielsweise Eigenkapital oder Einkommen, dürfen hier keine Rolle spielen. Nach der Amortisationszeit hat der Kreditnehmer und damit Anteilseigner seinen 250.000 Euro teuren Kredit – wie man noch sehen wird – trotz der jährlichen Gewinnausschüttung von mindestens 900 Euro abbezahlt. Der Anteil an der Gasproduktionsanlage gehört nun ihm alleine. Nach der Amortisation verfünffacht sich sein Reingewinn auf 4.500 Euro pro Jahr.
Das Geschäftsmodell für das Betreiberkonsortium aus 2.000 griechischen Bürgern entspricht bis zu diesem Punkt dem einer Beteiligungsgesellschaft, bei der al-

lerdings anstelle der Aktien quasi festverzinsliche Anteilsscheine die Grundlage bilden.
Der 250.000-Euro-Kredit des Anteilseigners wird nach der Kreditaufnahme umgehend dem Bau der in Planung befindlichen Gasproduktionsanlagen zur Verfügung gestellt.
Nach einer Bauzeit von rund drei Jahren nimmt die Gasproduktion den Betrieb auf. Die Anlage hat eine **Nennleistung von 233 Megawatt** und produziert jährlich rund **42 Millionen Kubikmeter SNG.**
Dieses handelsübliche Gas kann nun mit dem Anschluss an die ohnehin durch Griechenland verlaufende Southstream-Pipeline gegen ein Nutzungsentgelt (Konzessionsabgabe) über Europa verteilt werden. Falls Gazprom dies nicht wünscht, ist – wie bereits erwähnt – das Endstück der EU-geförderten Nabucco-Pipeline eine Alternative. **Gewöhnliche Lieferverträge zwischen Betreiberkonsortium und Gas-Endkunden gewährleisten dabei die Abnahme des Energieprodukts.**
Gegeben ist nun ein Gaspreis von 55 Cent brutto je Kubikmeter SNG. Darin enthalten sind 19 Prozent Umsatzsteuer und 6,2 Cent Konzessionsabgabe (in erster Linie Netz-Durchleitungsgebühr). Die Energiesteuer (» Ökosteuer «) entfällt hier, da es sich nicht um einen fossilen Brennstoff handelt.
Je Kilowattstunde Energie zahlt der Endkunde folglich 5,5 Cent. Abhängig vom Wirkungsgrad seines Blockheizkraftwerks kann er daraus den größten Teil in Strom und Wärme umwandeln.
Der Preis für einen Kubikmeter Gas in Höhe von 55 Cent ist vergleichbar mit den heute in Deutschland für Privatkunden zu zahlenden Preisen. Da die Preisschwankungen fossiler Rohstoffe (Weltpolitik, Rohstoffknappheit etc.) hier keine Rolle spielen, hat der Kunde dabei die Möglichkeit, bei Vertragsabschluss eine seinen Vorstellungen entsprechende Laufzeit zu wählen. Diese für beide Seiten (Endkunde und Betreiberkonsortium) verbindliche Vertragslaufzeit gewährleistet dem Endkunden Preisgarantie, und zwar mit dem zum Vertragsabschluss geltenden Gaspreis und über einen von ihm bestimmten Zeitraum, der natürlich auch mehrere Jahre oder Jahrzehnte betragen kann.
Dem griechischen Betreiberkonsortium, das nach Abzug der Steuern und der Konzessionsabgabe letztendlich 40 Cent je Kubikmeter Gas erhält, bieten langfristige Lieferverträge die nötige Sicherheit für den kontinuierlichen und gewinnbringenden Betrieb der Gasproduktion.
Bei einer Gasproduktion von 42 Millionen Kubikmetern pro Jahr erhält das griechische Betreiberkonsortium 16,8 Millionen Euro jährlich (40 Cent x 42 Mio. m^3). Nach Abzug der Kredittilgung und einer Betriebskostenrücklage ergibt dies für jeden der 2.000 Anteilseigner einen Reingewinn in Höhe von 900 Euro pro Jahr.
Nach der Amortisation der Gasproduktionsanlage, also nachdem die Kredite nach spätestens 50 Jahren an die Förderbank zurückgezahlt sind, erhält der Anteilseigner nun mindestens 4.500 Euro (annähernd

WERTSCHÖPFUNG UND LAUFZEITEN EINER GAS-PRODUKTIONSEINHEIT (BAUKOSTEN 500 MILLIONEN EURO)

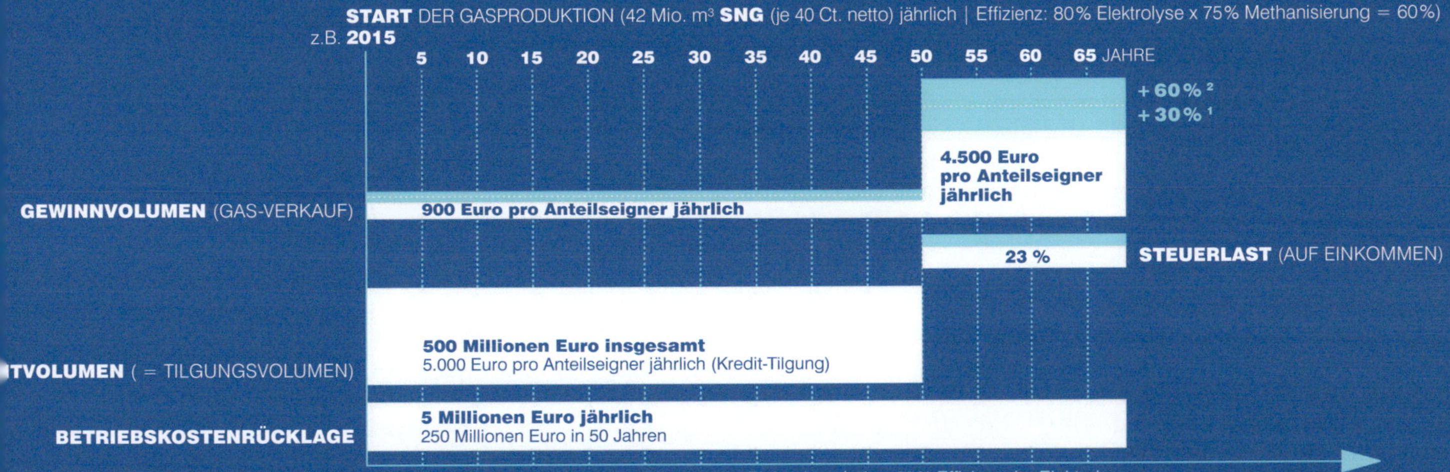

START DER GASPRODUKTION (42 Mio. m^3 **SNG** (je 40 Ct. netto) jährlich | Effizienz: 80% Elektrolyse x 75% Methanisierung = 60%)

z.B. **2015**

5 10 15 20 25 30 35 40 45 50 55 60 65 JAHRE

+60 % [2]
+30 % [1]

GEWINNVOLUMEN (GAS-VERKAUF)

900 Euro pro Anteilseigner jährlich

4.500 Euro pro Anteilseigner jährlich

STEUERLAST (AUF EINKOMMEN)

23 %

TVOLUMEN (= TILGUNGSVOLUMEN)

500 Millionen Euro insgesamt
5.000 Euro pro Anteilseigner jährlich (Kredit-Tilgung)

BETRIEBSKOSTENRÜCKLAGE

5 Millionen Euro jährlich
250 Millionen Euro in 50 Jahren

1) Gewinnsteigerung bei Verkauf/Einspeisung von Wasserstoff und 80% Effizienz der Elektrolyse | 2) ... 95% Effizienz der Elektrolyse

LAGEPLAN DER GAS-PRODUKTIONSEINHEIT OHNE ENTSALZUNG (5,50 QUADRATKILOMETER LANDFLÄCHE)

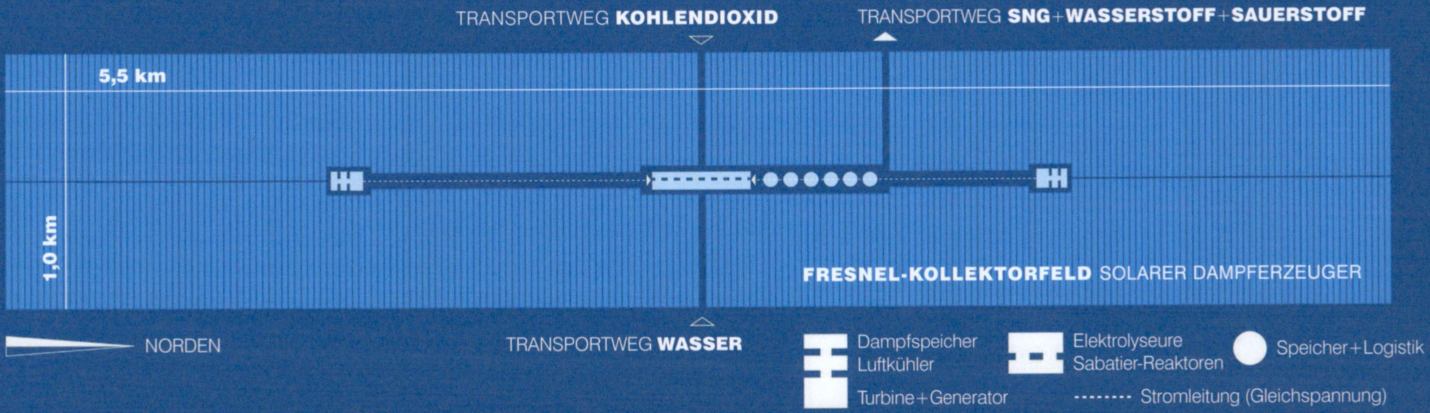

TRANSPORTWEG **KOHLENDIOXID**

TRANSPORTWEG **SNG+WASSERSTOFF+SAUERSTOFF**

5,5 km

1,0 km

FRESNEL-KOLLEKTORFELD SOLARER DAMPFERZEUGER

NORDEN

TRANSPORTWEG **WASSER**

Dampfspeicher
Luftkühler
Turbine+Generator

Elektrolyseure
Sabatier-Reaktoren

Speicher+Logistik

Stromleitung (Gleichspannung)

25 Prozent Steuern auf Einkommen sind berücksichtigt), was als einträgliche Zusatzrente betrachtet werden kann.
Nach spätestens 50 Jahren hat der Anteilseigner, der seinen Anteilsschein möglicherweise vom Vorgänger ererben durfte, nun die Möglichkeit, seinen Anteil an der Gasproduktionsanlage zu verkaufen, was allerdings aufgrund der hohen und sicheren Rendite für die meisten Anteilseigner wenig Sinn ergeben dürfte, denn ohne Eigenkapital und ohne Zutun erhalten sie nun jährlich 4.500 Euro.
Neben den vielfältigen Positiveffekten, die eine breite Bautätigkeit bei der Entstehung der Gas-Produktionsbausteine und der Ansiedlung von Industrie und Kleingewerbe mit sich bringen, kommen dem griechischen Staat mit der Umsetzung des H2EK letztendlich nicht nur die Steuereinnahmen zugute, sondern auch die gesteigerte Kaufkraft von rund 100.000 griechischen Bürgern (bezogen auf das Gesamtvolumen des H2EK, nicht nur auf das obige Beispiel).
Dies stärkt die Binnennachfrage und damit den peripheren Mittelstand, denn es ist zu erwarten, dass die Gewinne aus der Gasproduktion in den privaten Konsum fließen und nicht durch einige wenige Großkonzerne abgeschöpft und für Börsenspekulationen eingesetzt werden.
Ideal funktioniert das Geschäfts- und Finanzierungsmodell des H2EK, wenn nur ein möglicher Darlehenstyp beziehungsweise Anteilsschein zur Verfügung steht, der in unserem Fall einen Wert von 250.000 Euro hat. Wie mit dem Flächen-Ausnahmegesetz beschrieben, haben alle Landbesitzer, die ihre Flächen zu einem marktüblichen Preis für den Aufbau der Gasproduktion verkaufen mussten, den Vorzug beim Erhalt eines Beteiligungszuschlags. Sie sind also als Erste am Zug, wenn es darum geht, einen Anteilsschein zu erhalten. Alle weiteren Anteilsscheine (je 250.000 Euro), die einem Betreiberkonsortium zur Verfügung stehen, müssen aufgrund der hohen Nachfrage **und aus Gründen einer gerechten, vermögensunabhängigen Verteilung** verlost werden. Die Teilnahme kann dabei auf Bürger beschränkt werden, die zwischen 18 und 25 Jahre alt sind, was einer durch Arbeitslosigkeit besonders betroffenen Generation neue Perspektiven und zusätzliche Handlungsspielräume eröffnet.
Das Geschäftsmodell des H2EK entspricht am Ende dem einer gewöhnlichen Genossenschaft.
Die Genossenschaft zeichnet sich in erster Linie dadurch aus, dass die Gewinne direkt an die Anteilseigner fließen.
Zweifel an den Gaserträgen beziehungsweise an den ihnen zugrunde liegenden Wirkungsgraden sind dabei unbegründet: Es ist zwar tatsächlich so, dass im Prozess der H2EK-Gasproduktion mit zusätzlichen Verlusten zu rechnen ist – was in erster Linie auf den Energieverbrauch der Verdichtung und Speicherung der Gase (SNG, Wasserstoff, Sauerstoff), aber auch auf den Wassertransport zurückzuführen ist –, **doch stehen zur Ertragsabsicherung zusätzliche Kapazitäten zur Verfügung.** Nennenswert sind hier die überschüs-

VERGLEICH ZWISCHEN **HELIOS** UND **H2-ENERGIEKONZEPT | SOLAR** (GEMEINSAMER NENNER: 10 MRD. EURO)

	INVESTMENT (20 x 500 Mio. Euro)	LANDFLÄCHE (20 x 5,5 km²)	EFFEKTIVE FLÄCHENNUTZUNG [2]	ANLAGEN	Bis zum 20. Betriebsjahr: ANLAGENLEISTUNG JÄHRLICH	Bis zum 20. Betriebsjahr: TATSÄCHLICHE NUTZBARKEIT [D]	Bis zum 20. Betriebsjahr: NUTZBARE ENERGIE JÄHRLICH [5]	Ab dem 23. Betriebsjahr: ANLAGENLEISTUNG JÄHRLICH	Ab dem 23. Betriebsjahr: TATSÄCHLICHE NUTZBARKEIT [D]	Ab dem 23. Betriebsjahr: NUTZBARE ENERGIE JÄHRLICH	VOLLSTÄNDIGE INBETRIEBNAHME
HELIOS	10 Mrd. Euro	110 km²	30%	Photovoltaik Freiflächenanlage mit Wechselrichtern (ohne Transformationseinheiten und Stromtrassen)	Strom: 10.880 GWh	0 - 86 % [3]	Strom: 9.360 GWh	Strom: 0 GWh [6]	0% [7]	Strom: 0 GWh [7]	2050
H2EK [1]	10 Mrd. Euro	110 km²	65%	**Solarthermische Freiflächenanlage (Fresnel)** mit Turbinenkomplex, Gasproduktionskomplex; ggf. Entsalzungsanlagen, Wasserpipelines (ohne Gas-Pipeline)	Strom: 14.000 GWh	60 - 90 % [4]	SNG: 7.560 GWh [8] SNG: 8.977 GWh [9] H2: 12.635 GWh [10]	Strom: 14.000 GWh	60 - 90 % [4]	H2: 10.640 GWh [11] H2: 12.635 GWh [10]	2030

1 • Zur besseren Vergleichbarkeit wurde hier nur der Solarenergie-Aspekt des H2-Energiekonzepts berücksichtig, nicht der Windenergie-Aspekt
2 • Technologiebedingt (z.B. aufgrund von Verschattung)
3 • 0 % bei zu geringer Stromnachfrage | 87 % Maximum bei optimaler Stromnachfrage, mit Transport- und Transformationsverlusten
4 • 54 % bei Speicherung in SNG (80 % x 75 % x 90 % [siehe auch Punkt 8]) | 90 % bei Speicherung in H2 (95 % x 95 % [siehe auch Punkt 10])
5 • Durch die Beimischung von Wasserstoff zum SNG (Synthetisches Erdgas) wird der Energieertrag gesteigert
6 • Reduktion aufgrund von Transport- und Transformationsverlusten = 14%
7 • Haltbarkeit überschritten; keine Leistung; keine Erträge
8 • Elektrolyse 80% x Methanisierung 75% => 8.400 GWh = 840 Mio. Kubikmeter SNG | x Energienutzung mit KWK 90% = 7.560 GWh
9 • Elektrolyse 95% x Methanisierung 75% => 9.975 GWh = 998 Mio. Kubikmeter SNG | x Energienutzung mit KWK 90% = 8.977 GWh
10 • Elektrolyse 95% => 13.300 GWh = 338 Mio. Kilogramm Wasserstoff | x Energienutzung mit KWK 95% = 12.635 GWh
11 • Elektrolyse 80% x Energienutzung mit KWK 95% = 10.640 GWh

Die Wirkungsgrade der Solartechnik spielen hier keine Rolle, da diese für die Berechnung der jährlichen Anlagenleistung (Strom) unter Berücksichtigung der benötigten Landfläche bereits eingerechnet wurden. Berechnungsgrundlage für die Anlagenleistung von Helios ist die gebräuchliche Formel für die Photovoltaik. Berechnungsgrundlagen für die Anlagenleistung der solarthermischen Fresnel-Anlage (Strom) sind eine Studie des Fraunhofer Instituts für Solare Energiesysteme (2004) sowie die Erträge bereits gebauter Anlagen der Firma Novatec unter Berücksichtigung der Reduktionsfaktoren (z.B. geringere Investitionskosten aufgrund von Massenproduktion und Anlagengröße) und Effizienz-Optimierungsfaktoren aufgrund aktueller Technik unter Anwendung der für die peloponnesische Halbinsel typischen Direktnormalstrahlung DNI. **Zu Fußnote 8: siehe Gasproduktionseinheit der Seiten 90+91: 42 Mio. m³ x 20 = 840 Mio. m³.**

sige Abwärme aus dem Prozess der Methanisierung (und der Elektrolyse) sowie aus der Kühlung im Prozess der Dampferzeugung (Luftkühler bei der Stromproduktion). Die bei diesen Prozessen entstehende Abwärme kann mit gängigen Mitteln für die Energierückgewinnung genutzt werden, um damit beispielsweise die Verdichtung und Speicherung der Gase mit Energie zu versorgen. Mögliche Technologien sind unter anderem dampfbetriebene Kompressoren und Peltier-Elemente, welche über die Temperaturdifferenz (Innenseite warm, Außenseite kalt) direkt Strom erzeugen. Hinzu kommen monetäre Einnahmen aus der Vermarktung von Sauerstoff und Salz und gegebenenfalls Mieteinnahmen, die aus der Verpachtung der unter den Fresnel-Kollektoren liegenden Landfläche zur landwirtschaftlichen Nutzung hervorgehen. Unter Betrachtung der Tragweite des H2EK und der Tatsache, dass die Rückzahlung der entsprechenden EU-Darlehen gesichert ist, ist eine Neiddebatte – hinsichtlich der Gewinnausschüttung an den griechischen Bürger – aus meiner Sicht nicht zielführend.

DER TRAUM VON SINKENDEN ENERGIEKOSTEN

Die alleinige Subvention des griechischen Gases seitens der Europäischen Union besteht darin, dass sie über die entsprechende Förderbank zinsfreie Darlehen zur Verfügung stellt und somit keine Gewinne generiert. Der Gewinn für die Bürger und die Zukunft Europas allerdings ist immens und sollte in seiner vollen Tragweite zu jeder Zeit berücksichtigt werden. Bezüglich der Gaspreise müssen keine weiteren Regelungen getroffen werden, da Griechenlands Gas sich – um Käufer zu finden – langfristig automatisch an den Weltmarktpreisen orientieren und die Weltmarktpreise (wie erläutert) im Laufe von Jahren und Jahrzenten sogar senken wird. Der Wettbewerb auf dem Gasmarkt, der sich aufgrund der Diversifizierung beziehungsweise aufgrund des Hinzukommens neuer Akteure verbessern wird, wird dafür sorgen, dass sich der Gaspreis spätestens nach der Amortisation der Anlagen (unter Beibehaltung des soeben vorgeschlagenen Finanzierungs- und Geschäftsmodells spätestens nach 50 Jahren) eher vergünstigen als verteuern wird.
Hinzu kommt, dass vom europäischen Gas-Endkunden bei entsprechender Fortentwicklung der technischen Gasinfrastruktur in absehbarer Zeit direkt auf das bisherige Zwischenprodukt Wasserstoff zugegriffen werden kann, wobei eine Beimischung des Wasserstoffs zum SNG – wie schon des öfteren erwähnt – bereits von vornherein möglich ist.
Folglich ist zur bisher erläuterten Wertschöpfung mit einer Effizienzsteigerung im Gesamtsystem der Gasproduktion um 30 bis 60 Prozent zu rechnen, was sich schnell positiv auf die Gewinne der Betreiberkonsortien auswirken wird. Zu diesem Mehrgewinn kommt es, weil sich bei einer direkten Verwendung des Wasserstoffs ohne anschließende Methanisierung die internen Systemverluste reduzieren, am Ende also mehr

Kilowatt der solar erzeugten Energie in Form von Gas (Wasserstoff) zur Verfügung stehen. Ein 30-prozentiges Plus wird verzeichnet, wenn auf die Methanisierung verzichtet wird und ein 60-prozentiges Plus entsteht, wenn zudem die Effizienz der Elektrolyse von 80 auf 95 Prozent steigt.

Das H2-Energiekonzept für Griechenland und Europa bietet eine Alternative zu fossilen Kraftstoffen, und diese Alternative wird die willkürliche Preisgestaltung der großen Energiemonopolisten klar begrenzen.

Heute verweisen die Unternehmen der Erdölbranche gerne auf die Teuerungsprozesse in Rotterdam (europäisches Zentrum der Erdölwirtschaft), und das, obwohl sie selbst dort das Sagen haben. Mit der Verwirklichung des H2EK wird es ihnen bedeutend schwerer fallen, die » Preisschraube « weiter nach oben zu drehen. Die einzige Frage, die sich somit noch stellt, ist diese: Wird es uns gelingen, die Gasversorgungsnetze aus einem Einspeisungsdiktat der Energiemonopolisten zu befreien, oder besser: Wird es den von uns gewählten Politikern gelingen, sich vom Gesetzgebungsdiktat der Energiemonopolisten zu befreien?

Eine positive Antwort auf diese Frage ist deshalb von enormer Bedeutung, da es andernfalls unwahrscheinlich ist, dass Unternehmen wie die Enertrag AG und die Konsortien des H2EK ihr Gas über den unkomplizierten Weg heute vorhandener Gasleitungen an die Endkunden liefern und somit effizient vermarkten können. Gleichzeitig kann durch eine positive Antwort gewährleistet werden, dass sich Entscheidungsträger nicht immer neue Hürden (z.B. neue Steuern) ausdenken. Doch unabhängig davon hat spätestens mit den Hinweisen aus diesem Buch jede und jeder halbwegs handwerklich Begabte (und deren soziales Umfeld) die Möglichkeit, sich eigenes Gas (und eigenen Strom) selbst zu produzieren. Wenn Sie sich zu diesem Thema informieren oder sich unterstützen lassen möchten:

Die gemeinnützige Initiative ENERGIENOVUM bietet sich als ideale Schnittstelle an (www.energienovum.de).

Wenn es um die Maximierung von Erträgen geht, ist es besonders wichtig, Verlustquellen im Gesamtsystem zu vermeiden.

Sofern der Faktor Korruption ausgeschlossen werden kann (gewährleistet durch das Transparenzgesetz des H2EK und durch die Arbeit der TFGR), ist die Vermeidung von Verlustquellen ausschließlich technologischer Natur.

Je mehr Verluste vermieden werden können, desto größer sind die Erträge und umso schneller amortisieren sich die ursprünglichen Kosten, denn jeder Anteilseigner hat die Möglichkeit, seinen Kredit früher zu tilgen als geplant, auch wenn die Vertragsbindung dabei weiterhin Bestand hat. Dieser Zusammenhang führt auf Basis der breiten Beteiligung des Volkes zu einem hohen öffentlichen Interesse an technischem Fortschritt, der ja die Grundlage technischer Effizienzsteigerungen ist.

Wo dieses öffentliche Interesse vorhanden ist, wird

auch ein breit angelegter Wissenstransfer stattfinden, was sich am Beispiel des Aktienmarktes ablesen lässt.
Die Erweiterung des bürgerlichen Wissensspektrums wird somit gefördert und die Manipulierbarkeit der Bürger wieder ein Stück weit gesenkt.

VORTEIL VON H2EK: EFFEKTE SOFORT SPÜRBAR

Bereits kurze Zeit nach der Verabschiedung aller genannten Übergangsregelungen, inklusive der entsprechenden Kreditvergaberegelung auf europäischer Ebene (Aufbau-Sicherungsgesetz), ist unter der ständigen Prüfung durch Öffentlichkeit und EU mit einem zielstrebigen Umsetzungsautomatismus im Sinne des H2-Energiekonzepts zu rechnen, denn a.) existiert das Konzept, welches die klare Linie vorgibt, b.) existieren die wirtschafts- und gesellschaftspolitischen Rahmenbedingungen, c.) existieren die finanziellen Mittel und d.) die Unternehmen, welche die für die Umsetzung des H2EK nötigen Technologien bereitstellen. Aufgrund eines nahezu naturgegebenen Gewinnstrebens haben diese Unternehmen selbstverständlich gesteigertes Interesse daran, ihre Technologien zu vermarkten, und staatliche Investitionen sind – wie man anhand der ersten Kapitel sieht – ohnehin notwendig.
Das Maßnahmenpaket des H2EK kann dabei als konkreter Teil des Euro-Plus-Pakts begriffen werden. Neben der politischen Aufgabe der Finanzmarktstabilisierung durch den EFSF und den ESM wird die wichtige und unausweichliche gesellschaftspolitische Aufgabe, die griechische Wettbewerbsfähigkeit zu steigern, durch das H2-Energiekonzept kurz- und langfristig gewährleistet – gestützt durch die Auflagen und Maßnahmen der Troika.
Vom ersten Spatenstich an werden mit der Umsetzung des H2-Energiekonzepts Arbeitsplätze in Griechenland geschaffen, nämlich für den Aufbau von Werken zur Implementierung der Technologien, für den Aufbau von Meerwasserentsalzungsanlagen, für den Aufbau der Solar- und Windparks, für den Aufbau von Gasproduktionseinheiten, für die Erweiterung der Gas- und Wassernetze. Es folgen Arbeitsplätze für den Betrieb der Anlagen, für die Logistik und die Administration sowie Arbeitsplätze in allen Bereichen des peripheren Mittelstands, die eine in Schwung kommende und erfolgreiche Volkswirtschaft gewöhnlicherweise mit sich bringt. Darüber hinaus ist absehbar, dass sowohl die nun in Griechenland verankerte Industrie als auch die für den Aufbau engagierten inländischen Fachkräfte in Zukunft weiter beschäftigt sein werden, denn schnell werden auch andere Länder auf den Geschmack einer eigenen umweltfreundlichen Gasproduktion gekommen sein. Das kann unter anderem Portugal, Spanien und Italien betreffen.
Heute wie morgen bietet das H2EK also erhebliche Vorteile für das europäische Volk und dessen Nachkommen. Zu den Vorteilen zählt eine in Schwung kommende griechische Wirtschaft ebenso wie der vollständige

Verzicht auf fossile Energierohstoffe und die nachhaltige Stabilisierung der Finanzmärkte. Durch das H2-Energiekonzept wird die aktuelle europäische Krise also zu einer einmaligen Chance, über die ohnehin notwendigen Investitionen in den Aufbau der griechischen Wirtschaft und in die Herstellung der griechischen Wettbewerbsfähigkeit etwas in die Wege zu leiten, das weit über die Zeit der Krise und weit über die Grenzen Griechenlands hinausgeht. Das H2EK hat den Anspruch, die ohnehin notwendigen Investitionen gleichzeitig für die Lösung von Problemen zu verwenden, die zu den gravierendsten unserer Zeit zählen.

Neben der Einführung der neuen Handelsgüter Energie und Energietechnik, der Entscheidung für die volksnahe Wertschöpfung, der damit verbundenen Stärkung der Binnennachfrage, der Schaffung Zehntausender neuer und langfristiger Arbeitsplätze und der Beruhigung der Finanzmärkte führt die Realisierung des H2-Energiekonzepts für Griechenland und Europa zu einer Reihe positiver Begleiterscheinungen. Zu diesen zählen die Initiierung einer globalen Wasserwirtschaft, die Reduzierung des Treibhausgases CO2 aus der Erdatmosphäre und ein gelegter Grundstein für die globale Verwendung eines neuen, völlig umweltfreundlichen Energieträgers.

NEU: DIE GLOBALE WASSERWIRTSCHAFT

Wie bereits angedeutet, so liegt einer der Schwerpunkte des H2EK anstatt auf der Installation kontinentaler Stromtrassen auf dem Ausbau und der Neuinstallation umfassender Gas- und Wassernetze. Die umfassende Installation von Entsalzungsanlagen und Wasserpipelines (die ja nicht nur in Griechenland installiert, sondern dort auch hergestellt werden) wird aufgrund entsprechender Stückzahlen und in Verbindung mit der regenerativen Stromproduktion beziehungsweise in Zusammenhang mit der solaren Wasserentsalzung bereits mittelfristig zu einer weltweiten Vergünstigung der Meerwasserentsalzung und der Bewässerung führen.

Die gezielte Bewässerung bislang unfruchtbarer Gegenden Griechenlands rückt damit ebenso in den Fokus wie die Urbarmachung entsprechender Regionen außerhalb des Landes, beispielsweise auf dem afrikanischen Kontinent, der mittels Schifffahrt von Griechenland aus in wenigen Stunden erreichbar ist. So haben entsprechende Hersteller die Perspektive, neue Märkte zu erschließen, und unfruchtbare Regionen Aussicht auf umfassende Bewässerung. Das bedeutet ein globales Plus an Anbaufläche und Nahrungsmitteln!

Somit bietet das H2EK nicht nur einen Weg zur Minimierung heutiger Konflikte um Energierohstoffe sondern eben auch zum Ausbleiben künftiger Konflikte um Wasser, Anbaugebiete und Nahrungsmittel, was schon allein aufgrund der gut belegten Theorie der Klimaerwärmung und der damit zusammenhängenden Wüstenbildung und des möglichen Verlusts an

Landfläche durch Überflutungen zweifelsohne Sinn macht. Dieser Komplex kann mit dem Überbegriff »globale Wasserwirtschaft« belegt werden und ist als positive Begleiterscheinung des H2EK zu bewerten.

GRIECHENLAND: ZENTRUM DES CO2-RECYCLING

Da für die griechische Gasproduktion Kohlendioxid benötigt wird, kann die Lösung eines weiteren globalen Problems angegangen werden, nämlich die Emission des Treibhausgases CO2 zu reduzieren.
Nachdem das sogenannte CCS-Verfahren (CO2-Verpressung im Erdboden) am 23. September 2011 aufgrund von Bedenken hinsichtlich der langfristigen Umwelt- und Gesundheitsverträglichkeit des Verfahrens am Widerstand des deutschen Bundesrats sinnvollerweise gescheitert ist, eröffnet sich durch den Prozess der Methanisierung eine neue Möglichkeit, CO2 zu reduzieren. Beim Prozess der Methanisierung wird aus Wasserstoff unter Zugabe von CO2 handelsübliches Gas, wobei lediglich Wasser und Energie als Nebenprodukte entstehen. Schon für das CCS-Verfahren wurde die Filterung und die anschließende Zwischenspeicherung des Kohlendioxids geplant und im Testbetrieb auch erfolgreich realisiert. Für die Methanisierung kann dies beibehalten werden.
Damit müsste das CO2 mithilfe einer CO2-Pipeline nach Griechenland beziehungsweise zu den Gasproduktionsanlagen geliefert werden. Ein parallel zu Nabucco verlaufendes Rohrsystem könnte dafür sorgen, dass CO2 ohne nennenswerten Energieaufwand von Zentraleuropa nach Griechenland fließt. Die Infrastruktur der Gaspipeline könnte auf diese Weise zum Teil mitgenutzt werden.
Nach der Verbrennung des synthetisch hergestellten Erdgases SNG könnte das CO2 zumindest aus industriellen Anlagen wiederum herausgefiltert werden, sodass hier kein fossiles CO2 mehr frei wird. Sofern das auf Basis der Filterung gewonnene CO2 in der Anfangsphase der griechischen Gasproduktion noch nicht ausreichend zur Verfügung steht, kann dieses auch über inländische Kohle- und Schwerölkraftwerke sowie über Biogasanlagen und sogar über neu installierte Biomasse-Vergaser in Griechenland selbst gewonnen werden.
Kohlendioxid wird so vom schädlichen Abfallprodukt zum wichtigen Rohstoff!
Mit dem H2EK ist damit eine übergangsweise Verwendung für das CO2 gefunden. Der CO2-Ausstoß aus fossilen Rohstoffen kann so nach und nach reduziert werden, ohne dabei auf handelsübliches Gas als wichtigen und heute in großem Umfang genutzten Energieträger verzichten zu müssen. Auf lange Sicht ist durch die Verwendung von Wasserstoff anstelle des SNG zudem die endgültige Reduktion des Treibhausgases CO2 aus der Erdatmosphäre eingeleitet, was ebenfalls als wichtiger Langzeiteffekt der H2EK-Griechenlandhilfe gilt.

WOHNEN UND MOBILITÄT MIT GAS

Die dezentrale Verwendung von Gas vor Ort sichert uns eine zukunftsorientierte und effiziente Energieversorgung, denn durch die Verfahren der Kraft-Wärme-Kopplung kann der Strom ohne Leitungs- und Transformationsverluste direkt am Ort des Verbrauchs erzeugt werden und während der Erzeugung Wärme für Warmwasser, Heizung und sogar für Klimaanlagen generieren. Dabei spielt es keine Rolle, ob die Kraft-Wärme-Kopplung durch die heute verstärkt eingesetzten mechanischen Blockheizkraftwerke oder durch die in naher Zukunft an Bedeutung gewinnenden Gas- und Wasserstoff-Brennstoffzellengeräte präsentiert wird.
Gas-Brennstoffzellengeräte gehören dabei zu den neuesten Entwicklungen und sind als Brückentechnologie zur Wasserstoffgesellschaft zu bewerten. Auf den so genannten Reformer, der in einem aufwändigen Prozess – vereinfacht ausgedrückt – aus SNG Wasserstoff macht, kann dabei heute verzichtet werden (z.B. » BlueGen « von CFCL ltd.). Appell an die Hersteller: Bitte steigern sie die Leistung ihrer Geräte! Technisch dürfte das doch kein Problem sein. Und bitte senken Sie die Preise – trotz der staatlichen Subventionen, die Sie erhalten.
Abgesehen davon kann das SNG als Autogas ebenso Verwendung finden wie Wasserstoff für Brennstoffzellenfahrzeuge, welche kaum auf die Chemikalien der Batterietechnik angewiesen sind.
Brennstoffzellen gelten aufgrund ihrer hohen elektrischen Wirkungsgrade als Schlüsseltechnologie für zukünftige Energiesysteme. Brennstoffzellen-Heizgeräte erzeugen Wärme und Strom nicht wie herkömmliche Blockheizkraftwerke, sondern durch elektrochemische Energiewandlung ganz ohne Flamme. Dieser Strom wird in Elektrofahrzeugen für den Antrieb eines Elektromotors genutzt, und sobald hierfür Wasserstoff eingesetzt wird, entsteht anstelle der Abgase nichts weiter als Wasserdampf.

EIN » HYDROGEN-VALLEY « AM MITTELMEER

Die Wasserstoffproduktion des H2EK bildet die Grundlage für die Weiterentwicklung sämtlicher heute in den Kinderschuhen steckender Wasserstofftechnologien, zu denen unter anderem die Wasserstoffproduktion On-Demand und On-Site zählt, bis hin zu Arno A. Evers´ Personal-Power-Provider, der wiederum das langfristige, spätestens in 100 Jahren erreichbare Ziel sein sollte.
Über die Instandsetzung und Neuausrichtung der griechischen Industrie mittels Investition in Zukunftstechnologie werden unweigerlich Wertschöpfungsprozesse generiert, die in allen Phasen der Realisierung und des Betriebs ihre Wirkung entfalten und die ins Hintertreffen geratene Wettbewerbsfähigkeit Griechenlands unmittelbar steigern. Bezogen auf Europa bedeutet dies, dass durch das eigenständige und nachhaltige europäische Wirtschaftskonzept der Eigenproduktion von Gas auf Basis der Erneuerbaren die europäische Realwirtschaft belebt wird, und zwar langfristig. Zugleich können die

Energiepreise langfristig stabilisiert werden und direkte Finanzhilfen und damit politische Einflussnahmen von außereuropäischen Staaten entfallen.
Mit dem H2EK kann Griechenland die weltweite Marktführerschaft im Bereich des regenerativ erzeugten Wasserstoffs zukommen, der vorerst noch in Methan umgewandelt werden muss, um bereits vom ersten Moment an auf internationaler Ebene als attraktives Exportprodukt vermarktet werden zu können. Entsprechend dem Vorbild des kalifornischen Silicon-Valley im IT-Bereich kann Griechenland damit zum Hydrogen-Valley des Energiesektors werden. Jetzt kann für die langfristige Energieunabhängigkeit Europas in Griechenland der Grundstein gelegt werden, so wie dort dereinst der Grundstein für die Staatsform der Demokratie gelegt wurde. Die Umsetzung des H2-Energiekonzepts entspricht somit dem nötigen Meilenstein für die weitere Absicherung der Energiezukunft Europas, zumal wesentliche Teile des Konzepts auch auf andere Staaten wie beispielsweise Italien, Spanien, Portugal und Kroatien übertragbar sind. Der Eigenbedarf Europas am Energierohstoff Gas wird laut Expertenschätzung auch in Zukunft weiter steigen, während die eigene Produktion auf Basis bisheriger Produktionsquellen weiter sinkt. Neben der Stabilisierung Griechenlands und Europas wird die Umsetzung dieses Konzepts allen Bestrebungen, die Energiezukunft Europas zu sichern und umweltfreundlich zu gestalten, einen ungeahnten Schub verleihen. Da jedes weitere Zuwarten mit enormen Kosten und Risiken verbunden ist – was den Erhalt unserer Demokratien, derzeit konfliktfreier Zonen, unserer Wirtschaftsgüter, der Umwelt und unserer Lebensräume und Anbauflächen anbelangt –, sollten wir zügig handeln. Dem Raubbau an unserer alleinigen Lebensgrundlage (Planet Erde) kann jetzt mit dem H2-Energiekonzept für Griechenland und Europa nach und nach ein Ende bereitet werden. Der umweltschädliche Abbau von Uran-Erz kann bald ebenso der Vergangenheit angehören wie die immer aufwendiger und umweltschädlicher werdende Suche nach Erdöl und Erdgas (mittlerweile auch in bewohnten Gebieten). Die langweiligen Diskussionen über das Für und Wider des deutschen Atomausstiegs gehören endlich der Vergangenheit an, zumindest für vorwärts gewandte Mitstreiter.
Alles in allem können wir und erst recht unsere Nachkommen durch das H2-Energiekonzept nur profitieren, und zwar lediglich durch die jetzt und heute in die richtigen Bahnen gelenkten Investitionen in Griechenland.

SUNBIRTH

WWW.SUNBIRTH.EU

Finest European

HYDROGEN

COMES FROM WATER. BURNS TO WATER.

BUT ATTENTION:

NOT GOOD FOR CRUDE OIL & ATOMIC INDUSTRIES.

NOT GOOD FOR RISING ENERGY COSTS & EUROPEAN UNEMPLOYMENT.

NOT GOOD FOR CLIMATE WARMING & ECOLOGICAL DESTRUCTION.

9. Was Sie für das Konzept tun können

Es ist von grundlegender Bedeutung, zu verstehen, dass man als Bürger tatsächlich mitgestalten kann – zumindest in Ländern wie Deutschland.

Ein Blick auf die letzten Monate und Jahre zeigt, dass die Politik vermehrt Strömungen und Meinungsbilder propagiert, die in sozialen Netzwerken zum Ausdruck kommen – da Parteien nicht auf Wählerstimmen verzichten können: verständlich und klug und ein positives Resultat der Freiheit im Internet. Unsere Hauptaufgabe besteht darin, uns zu informieren und unsere so gebildete Meinung klar zu äußern und ihre Verwirklichung einzufordern.

Wenn Sie das H2-Energiekonzept unterstützen möchten, so tun Sie dies beispielsweise auf Basis selbstständiger Informationsbeschaffung und anschließender Diskussion. Diskutieren Sie mit Ihren Kollegen, Freunden und Bekannten beziehungsweise mit Ihren Schülern und Studenten das vorliegende Konzept. Wenn Sie überzeugt sind: Überzeugen Sie andere – auf Ihre Weise.

Verweisen Sie beispielsweise auf Ihrer Internetseite mit einem Link auf www.h2ek.de, www.the-plan.eu oder www.griechenlandkonzept.de. Hierzu können Sie selbstverständlich auch die Logos des Konzepts verwenden, die Sie auf der Internetseiten unter » Bilder « finden. Lassen Sie Ihrer Kreativität freien Lauf.

Wenn Sie Journalist oder Redakteur sind: wägen Sie ab zwischen Ihrem persönlichem Vorteil und dem Vorteil vieler und berichten Sie frei.

Wenn Sie Journalisten und Redakteure kennen, wenn Sie Politiker und andere Entscheidungsträger kennen, wenn Sie Unternehmer aus dem Bereich der regenerativen Energien kennen: informieren Sie sie.

Wenn Sie Blogger sind: schreiben Sie darüber.

Halten Sie Referate zu den einzelnen Themenfeldern der Idee oder zum Gesamtkonzept.

Spenden Sie – beispielsweise der gemeinnützigen Initiative ENERGIENOVUM, wo technische Komponenten des Konzepts verwirklicht werden.

Kommentieren, liken und teilen Sie Facebook/H2connections oder die Ihnen zusagenden Inhalte dieser Seite.

Sind Sie Multimedia-Crack: kreieren und veröffentlichen Sie aussagekräftige Bilder, Kurzfilme oder ein » Game « zum Konzept.

Wenn Sie griechischer Bürger sind, informieren Sie beispielsweise Freunde und Verwandte über die Vielzahl an Vorteilen, welche die Verwirklichung des H2-Energiekonzepts den Bürgern Griechenlands bietet.

Fordern Sie die Verwirklichung des Konzepts auf Demonstrationen ein.

Starten Sie eine Petition für die Realisierung des H2EK.

Da das H2-Energiekonzept viele unterschiedliche Ansprüche einer gesunden Bürgergesellschaft in sich vereint, hat es das Potential, Bürgern, Umweltverbänden, Sozialverbänden und vor allem der Global-Change-Bewegung zu enormer Kraft zu verhelfen – sie alle, uns alle in einer Kraft zu vereinen. Lassen Sie uns an einem Strang ziehen – Persönliches und Egoismen beiseitelegend.
Wenn sich die unterschiedlichen, dem Wohle der Gegenwart und der Zukunft des Menschen und seiner Umwelt dienlichen Interessensgruppen in einem Projekt vereinen, wird das der Durchbruch sein.
» Die Krise «, die sich nicht auf die Krisen des Finanzsektors beschränkt lässt, sondern auch die Krise der Realwirtschaft und die der Demokratie beinhaltet, bietet uns jetzt die einmalige Chance, Vorteile in die Wege zu leiten, die aufgrund von Lobbyinteressen und Zerstrittenheit ansonsten wohl nie in die Wege geleitet werden würden.
Innerhalb eines historischen Moments bietet uns ein Konzept die Möglichkeit, einen nicht unerheblichen Teil der gravierendsten Probleme heutiger Tage zu lösen und schafft ausreichend Zeit für die notwendige Optimierung unserer Demokratie, für die überfällige Reform finanzpolitischer Prozesse und die Entwicklung eines neuen, tragfähigen Gesellschaftsmodells.
Denken Sie darüber nach, ob bei der Vielzahl an repressiven, extremistischen und korrumpierbaren Interessensgruppen sowie an Waffen wirklich eine bessere Welt zu erwarten ist, wenn unser heutiges *politisches* System in Europa gestürzt wird.
Beantworten Sie sich die Frage, welche Rolle die Energieversorgung in Ihrem Alltag und für Ihr Wohlergehen spielt.
Denken Sie darüber nach, warum Menschen wie Oliver Edler und Dr. Sabine Tram-Werner von Teilen unserer Gesellschaft diskreditiert werden beziehungsweise wurden.
Wehren Sie sich gegen die Privatisierung der Wasserversorgung. Berücksichtigen Sie dabei, dass es bereits ernsthafte Bestrebungen gab, das Auffangen von Regenwasser zu verbieten (Beispiel: Bolivien).

Gehen Sie den Dingen auf den Grund.

Angela Merkel: » Wir tun alles dafür, dass auch Geld für Wachstum zur Verfügung steht. Aber dieses Geld muss auch an der richtigen Stelle ankommen und an der richtigen Stelle ausgegeben werden. «

Wir werden sehen, ob diesen Worten Taten folgen. An uns sollte es nicht liegen. Lassen Sie uns das heutige System nutzen, um daraus etwas Konstruktives zu erschaffen. Lassen Sie uns gemeinsam an einem Strang ziehen. Das Wasserstoffzeitalter liegt in ebenso greifbarer Nähe wie die Sanierung Griechenlands und Europas. Der Zenith unserer Möglichkeiten liegt im Jetzt.

Literaturverzeichnis

Claudia Kemfert – **Kampf um Strom. Mythen, Macht und Monopole** – 2013 – Murmann Verlag

Arno A. Evers – **The Hydrogen Society ... more than just a Vision?** – 2010 – Hydrogeit Verlag

Hermann Scheer – **Der energethische Imperativ: 100% jetzt ...** – 2010 – Kunstmann Verlag

Ulrich F. Sackstedt – **Browns Gas: Die unerschöpfliche Energiequelle** – 2010 – J. K. Fischer Verlag

Helmut Eichlseder – **Wasserstoff in der Fahrzeugtechnik / Erzeugung, Speicherung, Anwendung** – 2010 – Vieweg + Teubner Verlag

Karl-Heinz Tetzlaff – **Wasserstoff für alle / Wie wir der Öl-, Klima- und Kostenfalle entkommen** – 2008 – Books on Demand

Lutz Zündorf – **Das Weltsystem des Erdöls** – 2008 – VS Verlag für Sozialwissenschaften

Matthias Heymann – **Forscher, Pioniere und Visionäre / Wasserstoff als Energieträger** – 2007 – Piper Verlag

Philipp Brückmann – **Autonome Stromversorgung: Auslegung und Praxis ...** – 2007 – Ökobuch Verlag

Jürgen Roth – **Der Deutschland Clan** – 2006 – Eichborn Verlag

Cerstin Gammelin – **Die Strippenzieher** – 2005 – Ullstein Verlag

Franz Alt – **Krieg um Öl oder Frieden durch die Sonne** – 2004 – Goldmann Verlag

Michel Sivignon – **Atlas de la Grèce** – 2003 – CNRS, GDR Libergéo-La Documentation française

Sven Geitmann – **Wasserstoff und Brennstoffzellen / Die Technik von morgen** – 2002 – Books on Demand

Stratis Karamanolis – **Wasserstoff / Energietraeger der Zukunft** – 2001 – Elektra Verlag

T. Nejat Veziroglu, John Bockris, Debbi L. Smith – **Solar Hydrogen Energy** – 1991 – Optima Verlag

John O Bockris – **Wasserstoff / Energie für alle Zeiten** – 1990 – Augustus Verlag

Rudolf Weber – **Der sauberste Brennstoff / Der Weg zur Wasserstoffwirtschaft** – 1988 – Olynthus Verlag

University of Miami, T. Nejat Veziroğlu – **Hydrogen Energy** – 1975 – Clean Energy Research Institute

Linkverzeichnis

DOWNLOADS: AUFGRUND DER LADEZEIT WIRD EMPFOHLEN, DIE ACHT ZIP-DATEIEN MIT NOTEBOOK ODER PC HERUNTERZULADEN.

INTERNETSEITEN: FÜR DEN INHALT SIND DEREN BETREIBER VERANTWORTLICH.

H2 = WASSERSTOFF | BZ = BRENNSTOFFZELLE | BHKW = BLOCKHEIZKRAFTWERK

Torsten Mertz

GEMÜSE ist mein Fleisch
Vegetarisch grillen

Taschenbuch, 71 Seiten
ISBN 978-3-941556-00-3
6,80 Euro [D]

Dieses Buch überzeugt nicht nur eingefleischte Vegetarier: Mit 50 zumeist einfachen, aber originellen Rezepten für die Grillsaison, die zeigen, dass vegetarische Köstlichkeiten mehr kulinarische Vielfalt auf die Grillroste bringen.

Verlag Parkstraße, München